KLEINE
BETTLEKTÜRE
FÜR ALLE,
DIE WOHNRECHT
BEI IHRER KATZE
HABEN

Kleine Bettlektüre für alle, die Wohnrecht bei ihrer Katze haben

Scherz

AUSGEWÄHLT VON
KATHARINA STEINER

ISBN 3-502-39625-6

Scherz Verlag, Bern München Wien

*Alle Rechte an der Auswahl vorbehalten
Das Copyright der einzelnen Texte liegt bei den
im Quellenverzeichnis genannten Inhabern
Umschlaggestaltung:
Bernd und Christel Kaselow, München,
unter Verwendung einer Illustration
von Tilman Michalski*

INHALT

Gute Katzengeschichten ...	7
ODA SCHAEFER Die Katze, die allein spazieren ging	8
PAUL GALLICO Ein Mann wird gezähmt	13
T. S. ELIOT Wie man Katzen begrüßt	25
SAKI Tobermory	28
ERNEST HEMINGWAY Katze im Regen	42
ALFRED BREHM Das feine Gehör	48
EUGEN SKASA-WEISS Meine Gewitterkatze	49
ELISABETH CASTONIER Ein Gentleman stirbt	53
BEVERLEY NICHOLS Aus dem Katzen-ABC	61
VICTOR VON SCHEFFEL Das Lied vom Kater Hiddigeigei	68
Der Kater und der Sperling	70
OSKAR MAURUS FONTANA Tausendschwänzige Nemesis	71

E. T. A. HOFFMANN
  Kater Murr geht unter die Literaten　　　　　83

WILHELM BUSCH
  Hund und Katze　　　　　90

MONICA EDWARDS
  Vashti, die Jägerin　　　　　92

Der Katzenkönig　　　　　103

BRUCE MARSHALL
  Katzengesellschaft　　　　　106

Die «Times»-Katze　　　　　113

KAREL ČAPEK
  Die unsterbliche Katze　　　　　116

GUSTAV SCHENK
  Seefahrer Kador　　　　　123

O. SKALBERG
  Pferdefleisch für Siamesen　　　　　130

DOREEN TOVEY
  Mäusespuk　　　　　135

BRÜDER GRIMM
  Der Gestiefelte Kater　　　　　148

QUELLENNACHWEIS　　　　　155

Gute Katzengeschichten ...

Hundefreunde stecken voller Hundelatein, man muß sie nur ein wenig schütteln, dann fallen die großartigsten Hundegeschichten wie überreife Birnen von ihnen ab. Bei den Katzenfreunden geht das nicht so einfach. Sie stecken voller Katzenerlebnisse, aber wenn man an ihnen schüttelt, stellt sich heraus, daß es kleine, zärtliche, versteckte und feinschraffierte Szenen sind, die sich schwer erzählen lassen. Was Katzen tun, wirft wenig Stoff für riesige Schlagzeilen ab – wenn wir davon absehen, daß einige in den Flegeljahren an den Gardinen hochklettern oder unsere Sessellehnen in der Begeisterung des Krallenschärfens zerfetzen. Wer etwas von seiner Katze erzählen will, sieht sich nach wenigen Worten genötigt, ihre Grazie und ihre gut oder schlecht gelaunte Schönheit Strich für Strich mitzuzeichnen. Das ist nicht jedermanns Sache. Aber darin stecken die aufregenden und berauschenden Pointen jeder guten Katzengeschichte.

ska

ODA SCHAEFER

Die Katze, die allein spazieren ging

... so heißt ein Märchen von Rudyard Kipling. Die Katze ist dort dargestellt als die personifizierte Natur, nicht zu bändigen, als das einzige Tier im Haus, das kein Haustier wird wie Rind, Pferd und Hund, die sich gezähmt in die Höhle des Urmenschen einordnen ließen. Bis in unsere Tage hinein steht sie unter dem Gesetz des Dschungels, und man nennt sie deshalb grausam. Sie blieb unberechenbar und einsam – ja, es ist eine Lufthülle von hochmütiger Einsamkeit um jede Katze wie um einen kleinen Planeten, der sich um sich selbst dreht, um seine eigene Achse, und nur im ganz großen Bogen um die Welt Gottes. Man verübelt es ihr, daß sie keine denaturierten, vermenschlichten Eigenschaften besitzt, doch Künstler und Gelehrte lieben sie gerade um dieses Mangels willen. Er bedeutet in ihren Augen eine große, ungebrochene Kraft.

In eine solche Lufthülle hochmütiger Einsamkeit eingeschlossen, kommt eine Katze die leere Dorfstraße heruntergeschlendert. Es ist Mittag. Der weiße Staub hat sich in trägen Wirbeln niedergelegt und bildet Muster, nur der Eingeweihte vermag noch darin die Spuren von Wagen und Fußgängern zu erkennen. Die Leere, durchaus kein Nichts, strömt etwas Mystisches aus. Sie ähnelt der uralten Pan-Stille und ist ebenso wie sie dem Scheitel des Tages, dem Mittag, verhaftet.

Die Katze spaziert graziös daher, sie stelzt auf den schlanken, hohen Beinen und wölbt ihre bepelzte Brust vor wie einen kleinen Busen ... mit einem Wort, sie besitzt alle Reize jener bronzenen Katzenaphrodite aus dem ägyptischen Tempel, die als Göttin verehrt wurde und Jahrtausende später, in grün patiniertem Gips kopiert, den Schreibtisch der Intellektuellen eine Zeitlang zu schmücken pflegte. Symbol der Freiheit und Schönheit, wie diese schwierigen Herren insgeheim meinen, ebenbürtig der bunt getönten Nofretete, die in den zwanziger Jahren in jedem gepflegten Haushalt zu finden war.

Obwohl die Katze keineswegs der langen Geschlechterreihe siamesischer Prinzessinnen mit vergißmeinnichtblauen Augen entstammt, zeugt ihr Auftreten doch von Sicherheit, Selbstbewußtsein und königlicher Haltung. In jedem Zentimeter ist sie ein Abbild der vielzitierten «désinvolture». Sie – ich gebe ihr insgeheim den Namen «Biriau» – setzt ein Vorderbein nicht geradlinig vor das andere, sondern schräg übereinander. Dadurch bekommt ihr Gang etwas Kapriziöses und Zielloses. Ab und zu bleibt sie stehen, streckt den buschigen Schwanz steil in die Höhe und zittert mit dem Wipfel nervös rundum. Dazu maunzt sie pianissimo: «Grrr, Brrria, mia, äu, mäu.» Es gibt unendliche Variationen der anmutigen Katzensprache. In ihrem Fall drückt das klare Idiom nichts als Sehnsucht aus.

Die Katze ist zu Hause ausgebrochen und ihrer Herrin nachgelaufen wie ein Hündchen. Solche Fälle, recht selten, werden stets mit besonderer Rührung als Beispiel einer besonderen, weil unnatürlichen Treue angeführt. Das Sprichwort sagt, daß die Katze nur am Haus hängt. Sie gleicht darin einer ganz bestimmten Sorte von Männern, die von ihren Saufereien und Eskapaden jedesmal brav in die häusliche Marter zurückkehren. Das Sprichwort ist aber nur bedingt wahr, wie ich sehe, und läßt sich umkehren wie alle aphoristischen Äußerungen.

Biriau ist reizend anzuschauen. Sie trägt grauweiß gestreift und hat in ihrem süßen Gesicht die großen, grünen Augen wie mit einem schwarzen Antimonstreifen umrandet – die alte ägyptische Mode. Sie besitzt eine prachtvolle Figur, gut geschnitten, stream-lined, nicht ein Gramm zuviel. «Sie war gebaut wie eine Segeljacht», so beschrieb Hemingway seine Lady Brett in «Fiesta». Der Vergleich wird heute wieder einigen Damen anprobiert, aber meist sitzt er nicht.

In diesem Augenblick fällt mir ein noch älterer Vergleich aus den Typen der Schreibmaschine, daß ja auch die Kater als durchaus feminine Naturen angesehen werden, also das gesamte Katzengeschlecht. Kultivieren wir eigentlich eine puritanischere Auffassung von männlichen Eigenschaften und Tugenden als früher? Nach Heinrich Heine hat der Sozialismus ein neues Puritanertum heraufbeschworen... Ich denke an die alten Indianervölker, an die eleganten Herren im Turban der persischen Miniaturen, an die florettschwingenden Edelleute der Renaissance oder des Rokoko, und da will es mir scheinen, als habe einst eine andere Anschauung geherrscht. Man sah den Mann katziger, tierhafter, schlauer, tänzerischer, geschmeidiger, vielleicht auch grausamer... Auch das «gefährlich leben» hat seltsamerweise nichts daran geändert, die Langeweile breitet sich trotz der erstaunlichsten Grausamkeiten, die der Mensch auch heute erfindet, allmählich aus wie ein zäher Brei.

Plötzlich fährt mir der Schreck in die Glieder, als wäre inzwischen mein zweites Selbst unbewußt in diese Biriau geschlüpft, die nun fauchend, in Verteidigungsstellung gekrümmt, auf einem Zaunpfosten sitzt. Ein Hund war aus dem Nebenhaus gestürzt und zerbrach den ruhigen Spiegel der Mittagsstille. Kläffend tanzt er aufgeregt hin und her. Es ist ein weißer Spitz mit schriller Stimme und rosa Zunge, die jedesmal zum Vorschein kommt, wenn er bellt. Verglichen mit dem kätzischen Miauen und Gurren, das lieblich klingt wie die Stimme eines jungen Mädchens, besitzt sein Organ etwas Keifendes, wie das einer alten Frau.

Die Situation scheint hoffnungslos verfahren, für Stunden im Ablauf von Offensive und Defensive festgelegt. Da erscheint schon zu Beginn des Dramas ein kleiner Deus ex machina in Gestalt eines neunjährigen Mädchens. Es jagt den Hund fort und nimmt die sich sträubende Katze – Katzen trödeln nicht nur immer, sondern sträuben sich auch immer – und trägt sie im Triumph davon wie einen Säugling, der auf beiden Armen gewiegt und fest an die Brust gedrückt wird. Eigentlich ist das Drama trotzdem noch nicht beendet, es begann nur der zweite Akt, denn Biriaus Freiheit ging verloren. Sie muß nun viel ungeschickte Zärtlichkeit erdulden, vielleicht wird sie sogar im Puppenwagen spazierengefahren werden – sie, die Katze, die so gern allein spazieren ging!

Die zerrissene Stille ist wieder geheilt, die Häuser schweigen als stumme Zeugen. Ich lege mich hin und rolle mich zusammen, um zu träumen ... in der Haltung einer schlafenden Katze.

PAUL GALLICO

Ein Mann wird gezähmt

Als ich ein sehr junges Kätzchen war, hatte ich das Unglück, meine Mutter zu verlieren und mich im Alter von sechs Wochen allein in der Welt zu finden. Aber darüber war ich nicht unmäßig betrübt, denn ich war intelligent, nicht unschön, nie um einen Ausweg verlegen und voll Vertrauen zu mir selbst. Auch war mir das Glück einer mehrwöchigen Belehrung durch meine Mutter zuteil geworden, ehe sie den unglücklichen nächtlichen Zusammenstoß mit einem Auto hatte. Nach etwa einer Woche des Hundelebens auf dem Lande, mit einem höchst empörenden Speisezettel aus Raupen und Insekten, beschloß ich, eine Familie zu übernehmen und eine Hauskatze zu werden. Ich machte mich sofort daran, mein Ziel zu erreichen.

Ich entdeckte auf einer Lichtung ein kleines, freundlich weißes Haus mit grünbemalten Läden, einem Schuppen nahebei, Blumengarten, Gemüsegarten, Fischteich usw. Haus und Grundstück waren sauber gehalten und gehörten offensichtlich Leuten von einiger Wohlhabenheit. Ein teurer Wagen in der Garage bestätigte mir das. Ihr kennt den Spruch: «Schöne Gefühle öffnen keine Hummerdose.» Wenn ihr eine arme Familie übernehmen wollt, bitte sehr, das ist eure Sache. Meine sollte es nicht sein.

Ich schritt zur Hintertür des Hauses und erkundete. Ein Mann und seine Frau saßen drinnen beim Frühstück. Es gab keinen Hinweis auf Kinder, auch nicht auf Personal, und das war alles nur sehr gut. Kinder sind gelegentlich in Ordnung, man wird ihrer auch Herr, aber es ist besser, wenn möglich, eine Familie zu übernehmen, bevor die Kinder kommen. Dienstpersonal macht eine Menge Verdruß.

Das Paar sah genau aus wie die Familie, die ich brauchte, also sprang ich zum Fliegengitter der Tür und wimmerte mitleiderregend.

Sie schauten vom Frühstück auf und zu mir her. Ich wußte genau, wie ich denen an der anderen Seite des Gitters erschien: unwiderstehlich! Ich tat, als verlöre ich den Griff auf dem Gitter, ließ mich fallen und krabbelte wieder hinauf, die ganze Zeit weinend.

Die Frau sagte: «Schau! Das arme kleine Ding! Es möchte herein. Vielleicht ist sie hungrig. Ich werde ihr Milch geben.»

Genau was ich erwartete! Ich hatte schon Eindruck gemacht. Alles, was noch fehlte, war, eine Pfote durch die Tür zu bekommen – aber so einfach war das nicht. Da gab es noch den Mann! Er begann zu knurren, zu schimpfen und zu schreien, daß er Katzen hasse und keine im Haus wünsche.

«Oho», sagte ich zu mir, «du willst mit mir anhängen, mein Freund, doch *ich* bin es, die weiß, wie das geht!» Wenn es etwas gibt, was vergnüglich zu überwältigen ist, dann ein Mann, der sich als Katzenfeind aufspielt.

Die Frau öffnete, nahm mich auf und sagte zum Mann: «Ich bitte dich, mach doch keinen solchen Radau, Liebling. Ich geb ihr nur einen Tropfen Milch. Wir setzen sie nachher wieder an die Luft.»

Der Witz ist, das werdet ihr begriffen haben: daß man den Männern, je mehr sie sich aufregen, desto weniger Gehör schenkt. Denn während er immer noch randalierte und protestierte – wo war ich? Drinnen! Und schlabberte Milch aus einem Teller.

Einmal im Haus, wußte ich genau, was zu tun war, denn meine Mutter, die selber mit einer schwierigen Mannsperson umgehen mußte, hatte mir viel von den Männern erzählt, und wie man sie zu behandeln hatte. Ich ignorierte ihn einfach und spielte mit der Frau, die mich «Liebes», «Liebling», «Süßes» und «Kleiner Engel» nannte.

Und natürlich, je mehr Umstände sie mit mir machte, desto ärgerlicher wurde er und schrie schließlich: «Schluß jetzt, genug. Los, hinaus mit ihr!»

Die Frau zum Mann: «Gewiß, Liebling.» Sie hob mich auf, setzte mich vor die Tür und flüsterte: «So, lauf jetzt, Kleines.» Aber natürlich wußte ich, daß es nicht ihr Ernst war, also sprang ich noch einmal auf das Gitter und weinte um Einlaß, bis der Mann kreischte: «Na also. Da siehst du, was du angestellt hast! Geh und bring sie hinüber zum Wald!»

Sie gehorchte, aber sowie sie sich umwandte, folgte ich ihr zurück zum Haus. Das geschah dreimal, während der Mann aus dem Haus kam, Hut auf dem Kopf, in sein Auto kroch und uns beobachtete. Beim viertenmal setzte ich mich einfach vor den Bäumen hin und schaute miserabel drein. Der Mann küßte seine Frau, aber das letzte, was er vor dem Abfahren tat, war, sich umzudrehen und mich da sitzen zu sehen, ganz allein, verlassen. Ich war zufrieden, denn ich wußte, ich hatte ihm seinen Tag verdorben, und alles, woran er noch denken konnte, war ich.

Natürlich, sowie der Wagen um die Kurve der Straße verschwunden war, kam die Frau aus dem Haus, hob mich auf und trug mich hinein. Wir verbrachten einen wunderbaren Tag zusammen.

Knapp vor Abend nahm sie mich in die Arme, küßte mich und sagte: «Nun, Liebling, mußt du leider weg. Er wird gleich zurückkommen.» Sie setzte mich an die Luft, und bald schwang das Licht des Wagens um die Kurve. Der Mann kam nach Hause.

Ich wartete, bis es ziemlich dunkel war, und dann, als ich mich soweit hatte, daß ich mir selber leid tat (denn ich war einsam und hungrig), setzte ich mich wieder vor die Tür und weinte, weinte, weinte einfach.

Im Eßzimmer brannte Licht. Durch das Fenster sah ich sie ihr Nachtmahl essen. Ich ging unter das Fenster und weinte lauter.

Plötzlich warf der Mann Messer und Gabel hin und rief: «Ich kann diesen Lärm nicht ertragen!»

«Welchen Lärm denn?» fragte die Frau.

«Dieses verdammte Katzenvieh. Ich hab dir ja gesagt, wie das ausgehen wird.»

Verdammtes Katzenvieh – ja, so redete er von mir. Na, bevor wir miteinander fertig waren, sollte er noch auf den Knien rutschen!

Ich legte alle meine Kraft in meine Miaus. Das mußte ein Herz von Stein erweichen.

Die Frau: «Das arme kleine Ding! Sie muß wieder hungrig sein.»

«Zum Teufel», rief er, «warum läßt du sie nicht herein und fütterst sie?»

Die Frau begann: «Weil du gesagt hast –»

Der Mann antwortete: «Was hab ich denn schon gesagt? Du kannst sie ja nachher wieder hinauslassen. Ich höre mich ja selbst nicht essen bei diesem dauernden verdammten Gewinsel.»

Die Frau kam also heraus, fing mich, und ich bekam wieder eine gute Mahlzeit. Nach dem Essen nahm mich die Frau auf ihren Schoß, spielte mit mir, und ich begann sofort zu schnurren und ihr den Hof zu machen. Der Mann las seine Zeitung, immer wieder aber senkte er sie und warf uns finstere Blicke zu.

Nach einer Weile legte die Frau mich auf ihren Stuhl, ging hinaus und kehrte nicht zurück. Ich tat, als ob ich schliefe, beobachtete aber den Mann, der immer zu mir herüberschaute. Ich wußte genau, was er dachte: er hätte mich gern auf seinem Schoß gehabt. Das konnte er aber nicht zugeben.

Nach einiger Zeit rief die Frau von oben: «Liebling, ich gehe gleich zu Bett. Willst du die Katze hinauslassen?»

Der Mann knurrte laut und warf die Zeitung fort: «Ich? Warum läßt du sie nicht hinaus? Du hast sie doch hereingelassen!»

«Liebling, ich bin schon ausgezogen. Bring du sie hinaus.»

Der Mann rief hinauf: «Verdammt noch mal! Also los!» – hob mich hoch, nahm eine Taschenlampe und trug mich hinaus. Er hielt mich sehr ungeschickt, und als ich meinen Kopf unter sein Kinn praktizierte, murmelte er «Laß das schon, Kleine», und ich wußte, daß ich ihn jetzt gleich soweit haben würde, wenn ich ihn bloß mit dem Bart ein wenig gestreichelt und dabei geschnurrt hätte. Aber keine Eile! Ich wußte jetzt, daß ich ihn kriegen konnte, wann immer ich wollte. Ich beschloß, ihn derart weichzureiten, daß er zur gegebenen Zeit mein bedingungsloser Sklave würde. Je elender ich ihn machen konnte, desto besser. Also bohrte ich meine Krallen in sein Hemd und schrie, als er sich bei den Bäumen meiner entledigen wollte.

Er machte mich los und setzte mich ab. Ich schrie weiter, als er ging, und natürlich drehte er sich wie erwartet um und leuchtete mit seiner Lampe, um zu sehen, ob ich ihm folge. Was ich natürlich tat. Er hob mich auf, knurrte «Verdammt noch einmal, Kleine, bleib da!», aber ich verankerte mich wieder in seinem Hemd. Wir wiederholten alles mehrmals. Gelegentlich bohrte ich meinen Kopf unter sein Kinn, und er fing an mit «Na, was dann!»... und da begann ich zu schnurren! Er sagte aber: «Daß du dich nur nicht täuschst, mein Kätzchen!» und marschierte mit mir davon. Diesmal brachte er mich in den Schuppen, wo er herumrumorte, bis er eine alte Pappschachtel gefunden hatte, in die er mich steckte. «So», sagte er, «hier kannst du bleiben, aber sei um Himmels willen still!» Dann ging er, aber er konnte sich wieder nicht enthalten, sich umzuwenden und das Licht auf mich zu richten, weil er sehen wollte, ob ich ihm wieder folgte. Diesmal tat ich's nicht. Ich saß nur da, schaute ihn an, den Kopf aus der Schachtel gestreckt, und er stand da und schaute mich an. Und so verabreichte ich ihm das stumme Miau.

Der Erfolg war wie erwartet. Der Mann wurde

ganz weich. Er stand völlig hilflos da und fragte: «Um Himmels willen, Kleine, was willst du denn jetzt noch?»

Ich gab ihm das stumme Miau nochmals.

Er kehrte in den Schuppen zurück und sah verwirrt drein, holte mich aus der Schachtel und sagte: «Was möchtest du eigentlich, Kleine, zum Teufel?» Ich schob meinen Kopf in seinen Nacken und schnurrte wie verrückt. «Nichts da», sagte er, «zurück ins Haus kannst du nicht.» Und dann: «Aha, ich glaube, die Schachtel ist dir nicht gut genug, wie? Na, schauen wir einmal, was wir für dich tun können.»

Er legte mich nieder und kramte herum, bis er ein altes Stück Tuch gefunden hatte, das er ausschüttelte und zu einem kleinen Nest für mich zusammenfaltete. «So also, besser jetzt, Kleine?» fragte er und wollte hinausgehen. Aber ich wußte, er würde noch einmal zurückschauen, und als es geschah, war ich auf dem Posten. Ich bediente ihn diesmal mit einem lauten Miau.

Er stammelte: «Um Himmels willen, Kleine, ich kann doch nicht die ganze Nacht hier herumstehen. Was willst du denn?»

Ich gab es ihm noch einmal. Er kehrte zurück, nahm mich heraus, hob das Tuch auf, legte es in die Schachtel und senkte mich wieder hinein. Das war es, was ich wollte, und ich ließ es ihn wissen, indem ich ein paarmal in der Schachtel herumkreiste, mein Bett machte, mich einrollte und schnurrte. Er sah einen Augenblick auf mich herab und sagte: «In Ordnung, Kleine, jetzt hab ich verstanden», und dann ging er zurück in Haus. Seine Frau mußte an der Tür auf ihn gewartet haben, denn ich hörte sie sagen: «Liebling, was hast du denn getrieben? Du warst ja endlos weg!» und dann seine Antwort: «Ich dachte, es könnte regnen. Ich hab die Katze in den Schuppen getan. Dort kann sie bleiben!»

Ich und dort bleiben! Was für ein Witz! Schon am nächsten Abend hielt ich die Zeit für gekommen, ihn ganz zu erledigen.

Es war ein heißer, schwüler Sommerabend. Ich saß auf dem Schoß der Frau und störte sie beim Nähen. Der Mann las wie gewöhnlich in seiner Zeitung. Ich sprang vom Schoß der Frau, machte einen schönen runden Buckel, wanderte hinüber, setzte mich und schaute den Mann an. Zuerst tat er, als sehe er mich nicht. Endlich aber legte er die Zeitung nieder und seufzte: «Na, was willst du, Kleine?»

Ich gab ihm die volle Kur – das große «Hallo» mit dem Anreiben um die Fesseln. Wie ich erwartete, ging der Mann ganz aus dem Leim und sagte: «Na, du Süße, möchtest du auf meinen Schoß?» Womit er mich aufhob, dort absetzte und begann, mich unter dem Kinn zu streicheln. Ich drehte das Schnurren an, entwickelte Anmut und bediente ihn mit Rollen im Schoß und Anschmiegen, leckte seine Hand ein paarmal. Natürlich schmolz er total hin und begann idiotische Sachen zu murmeln, wie «Na, was haben wir denn jetzt vor, Kleine?», was er fortwährend wiederholte, triumphierende Blicke auf seine Frau werfend, die nur dortsaß, nähte und nichts sagte.

In diesem Augenblick begann es zu blitzen, schmetternd zu donnern, und der Regen rauschte. Sie gingen durchs Haus, alle Türen zu schließen, der Mann trug mich dabei herum und sagte: «Keine Angst, kleines Mädchen. Nur ein dummes Gewitter, das ist alles.» Später verzog sich das Unwetter, aber es regnete weiter, und die Frau sagte: «Ich glaube, wir gehen zu Bett. Wirst du die Katze hinausbringen?»

Der Mann warf ihr einen Blick zu, als sei sie wahnsinnig geworden, und rief: «Was? Sie in einer Nacht wie dieser hinausbringen? Bist du verrückt?»

«Warum? Sie hat's doch gut im Schuppen, oder nicht? Ich denke, du willst keine Katze im Haus...?»

Der Mann wurde wild. «Nun ja, ich will keine Katze im Haus», rief er, «aber das heißt doch nicht, daß ich sie in den Regen hinausjage. Sie zittert wie Espenlaub. Hast du denn gar kein Herz?»

Die Frau hob die Schultern: «Wie du willst.»

«Ganz bestimmt werde ich tun, was ich will!

Wir können in der Küche für sie ein Polster auf den Boden legen.»

Sie gingen hinauf in ihr Schlafzimmer, und ich hörte sie herumgehen. Nach einer Weile verlöschten sie das Licht, und die Frau sagte: «Du hast die Schlafzimmertür nicht geschlossen.»

«Na, und wenn das Gewitter zurückkommt?» antwortete er. «Und die Kleine kriegt's mit der Angst, und wir würden sie nicht hören, was dann?».

So ging ich also während der Nacht natürlich hinauf, aufs Bett, schlief auf der Decke, darunter seine Füße waren, und da war es schön warm.

Am Morgen weckte ich ihn, indem ich auf sein Gesicht spazierte und meinen Fuß in seinen Mund steckte. Er setzte sich auf, nahm mich und flötete: «Na, kleine Süße, wer hat dich denn eingeladen? So, und jetzt laß dich einmal anschauen.» Und er begann mit mir zu spielen. Ich steckte meinen Kopf wieder unter sein Kinn und schnurrte.

Seine Frau sagte: «Lieber, meinst du wirklich, daß wir sie auf dem Bett haben sollten...»

Er warf ihr einen bösen Blick zu. «Warum nicht? Was ist falsch dran? Schau her, sie ist verrückt nach mir. Katzen sind doch sauber?»

«Ja schon, aber –»

«Aber was? Sie ist doch auf meiner Seite im Bett. Ich weiß nicht, warum du dich aufregst?»

Wir nahmen alle das Frühstück in der Küche

unten, und ich saß auf seiner Schulter oder lag auf der Lehne des Stuhls hinter seinem Hals.

Der Mann sah höchst selbstzufrieden drein und sagte: «Schau dir den kleinen Bastard an. Was ist in ihn gefahren?»

Seine Frau sagte: «Kein Bastard. Sie ist eine sie. Ich glaube, sie ist in dich verliebt.»

Diese Behauptung hatte einen höchst kuriosen Effekt auf den Mann. Er begann lauter zu lachen, als nötig war, fummelte nach Zigaretten und wußte nicht, was er mit seinen Händen beginnen sollte. Er errötete wahrhaftig und stotterte: «Unsinn, ich habe nur gewußt, wie ich sie beim Gewitter behandeln soll. Sie ist einfach dankbar.»

Ich rutschte auf meinem Sitz hin und her, rieb mich an seinem Nacken und schnurrte. Als er an diesem Morgen zur Arbeit fuhr, küßte er seine Frau zum Abschied, sagte «Wiedersehen, Kleine» zu mir und dann noch, ehe er hinausging, zur Frau: «Kümmere dich um meine Kleine.»

An diesem Abend sprang ich nach dem Abendessen auf seine Schulter, als er die Zeitung las, und blieb dort.

Plötzlich legte er das Blatt hin, gähnte, streckte sich und bemerkte: «Schlafenszeit, nicht wahr? Komm, Kleine.»

Vom Schuppen war keine Rede mehr. Auch von der Küche nicht. Wir gingen alle nach oben. So kam ich in mein Haus.

T. S. ELIOT

Wie man Katzen begrüßt

Von Katzen hörst du mancherlei,
Drum dieses dir hiermit gesaget sei:
Der Katzen Charakter voll zu verstehn,
Bedarf's keines Deuters. Du hast gesehn
Und hast gelernt, daß gemeiniglich
Die Katzen genau sind wie du und ich,
Daß wie die anderen Leute sie sind,
Sei'n diese auch immer wes Geistes Kind.
Die sind normal und jene verrückt,
Manche sind traurig, manche beglückt,
Manche sind böse, andre sind's nicht –
Doch lassen sie bannen sich all im Gedicht.
Sie selbst zu benamsen, war höchstes Ziel,
Du kennst ihre Tücken, sahst sie beim Spiel,
Ihr Heim kennst du, kennst ihren Tagesplan,
Doch
Wie redest du nun eine Katze an?
Ich helfe dir gern und tue dir kund,
Hör zu: *Eine Katze ist kein Hund!*
Wenn Hunde auch gerne kämpfen sollen:
Es beißen nicht alle, die bellen und grollen!
Darum ist ein Hund, ich gehe nicht fehl,
Was gemeinhin man nennt eine einfache Seel.

Pekinesen nehm ich natürlich aus
Und den anderen greulichen Hundegraus.
Der gewöhnliche Promenadenhund
Spielt gern den Clown recht kunterbunt.
Sein Stolz ist meistens nicht sehr groß,
Und häufig ist er würdelos.
Der Hunde Freund wirst du gar schnell,
Kraul ihm den Hals, kraul ihm das Fell,
Schüttle die Pfote, klopf ihm die Seit,
Schon ist er zu fröhlichen Sprüngen bereit.
Welch wahrhaft Musterexemplar
An Zutraun stellt ein Hund doch dar!

Bewahr drum diesen großen Satz:
Hund ist Hund, *und Katz ist Katz!*

Bei Katzen sei nie die Regel durchbrochen:
Sprich nicht, eh du nicht angesprochen!
Ich selber hielt nie viel davon –
So find auch du den rechten Ton!
Doch denke dran, es übt Diät
Die Katz in Familiarität.
Verbeuge mich, entblöß die Glatze
Und grüße freundlich sie: *Oh Katze!*
Doch ist's die Katz von nebenan,
Die herzlich mir schon zugetan,
(Schnurrt gern an meinem Ofenplatz)
So grüß ich sie mit *Hopsa Katz!*

Ich glaub, sie wurde *Miez* genannt,
Offiziell war sie mir unbekannt.
Denn ehe Katzen herab sich lassen,
Zu dir als Freund Vertraun zu fassen,
Wolln für die Freundschaft sie Beweis,
Etwa ein Schüßlein süßen Breis.
Auch tut es gut, zeigst du als Geber
Von Kaviar dich und Gänseleber,
Geschmortem Huhn oder feinem Hack –
Jede Katze hat ihren eignen Schmack.
(Ich kannt eine Katz, die andres nicht aß
Als grundsätzlich nur gebratenen Has,
Sie leckte die Pfötchen sich immer wieder,
Daß von der Tunke nichts troff hernieder.)
Ihre Hoheit, die Katze, darf derlei Arten
Und Zeichen der Achtung mit Recht erwarten.
Und so sprengst du endlich den förmlichen Rahmen
Und nennst die Katze beim richtigen Namen.

Drum Hund ist Hund, und Ratz ist Ratz!
Jetzt weißt, wie du *begrüßt 'ne Katz!*

(Deutsch von Werner Peterich)

SAKI

Tobermory

Es war der kühle, regenverwaschene Nachmittag eines der letzten Augusttage – in jener nichtssagenden Jahreszeit also, in der die Rebhühner sich noch in Sicherheit oder den Kühlhäusern befinden und es nichts zu jagen gibt. Ohne Ausnahme hatten sich die Gäste von Lady Blemleys Hausparty um den Teetisch versammelt. Trotz der Öde der Jahreszeit und der Alltäglichkeit dieses Ereignisses deutete nichts auf jene schwelende Unruhe hin, die gleichbedeutend ist mit der Furcht vor einem Klavierkonzert oder einer beherrschten Sehnsucht nach einer Partie Bridge. Die unverhüllte, durch nichts verborgene Aufmerksamkeit der Anwesenden konzentrierte sich vielmehr auf die anspruchslose, unscheinbare Persönlichkeit des Mr. Cornelius Appin. Von allen Gästen Lady Blemleys war er der einzige, der in keinem festumrissenen Ruf stand. Irgend jemand hatte einmal erwähnt, daß Appin «klug» sei, und so schickte man ihm eine Einladung in der unausgesprochenen Erwartung – zumindest von seiten der Gastgeberin –, daß er wenigstens einen Teil seiner Klugheit zu der allgemeinen Unterhaltung beisteuern würde. Bisher hatte Lady Blemley jedoch nicht feststellen können, in welcher Richtung sich seine Klugheit – wenn überhaupt – bewegte. Weder war er witzig, noch spielte er auffallend gut Krocket; weder verfügte er über hypnotische Fähigkeiten, noch hatte er jemals eine Amateuraufführung inszeniert. Auch sein Äußeres deutete nicht auf einen jener Männer hin, denen die Frauen ein erhebliches Maß an mangelndem Geist nachsehen. Er war zu einem bloßen «Mr. Appin» hinabgesunken, und «Cornelius» schien nichts als eine durchsichtige Täuschung zu sein, die man bei seiner Taufe begangen hatte.

Jetzt aber behauptete er plötzlich, der Welt eine Entdeckung geschenkt zu haben, neben der die Erfindung des Schießpulvers, der Druckerpresse oder der Dampfmaschine belanglose Lappalien seien. Die Wissenschaft habe zwar im Verlauf der letzten Jahrzehnte atemberaubende Fortschritte auf allen Gebieten gemacht – seine Entdeckung schien jedoch eher auf dem Gebiet der Wunder als auf dem der Wissenschaft zu liegen.

«Und wir sollen Ihnen also glauben», sagte Sir Wilfrid gerade, «daß Sie eine Möglichkeit gefunden haben, den Tieren die Kunst der menschlichen Sprache beizubringen, und daß sich der liebe, alte Tobermory als Ihr erster erfolgreicher Schüler entpuppt hat?»

«Während der letzten siebzehn Jahre habe ich an diesem Problem gearbeitet», sagte Mr. Appin.

«Aber erst während der letzten acht oder neun Monate bin ich mit den Andeutungen eines Erfolges belohnt worden. Bis dahin hatte ich natürlich schon mit Tausenden von Tieren experimentiert – zuletzt jedoch ausschließlich mit Katzen, diesen wundervollen Geschöpfen, die sich in phantastischer Weise unserer Zivilisation angepaßt haben, ohne dabei ihren hochentwickelten Raubtierinstinkt aufzugeben. Hin und wieder stößt man bei Katzen auf einen überragenden Intellekt – genauso wie bei der Masse der menschlichen Geschöpfe; und als ich vor einer Woche die Bekanntschaft Tobermorys machte, merkte ich sofort, daß ich einer «Über-Katze» von ungewöhnlicher Intelligenz gegenüberstand. Bei meinen letzten Versuchen war ich dem Erfolg ein großes Stück nähergekommen; bei Tobermory – wie Sie ihn nennen – habe ich jedoch mein Ziel erreicht.»

Mr. Appin beschloß seine bemerkenswerten Ausführungen in dem spürbaren Bemühen, seinen Triumph nicht laut werden zu lassen. Keiner der Anwesenden murmelte «Unsinn», obgleich Clovis' Lippen ein zweisilbiges Wort formten, das diesem nagenden Unglauben vermutlich entsprach.

«Damit wollen Sie also sagen, daß Tobermory jetzt in der Lage ist, zu sprechen und einfache Sätze aus einsilbigen Wörtern zu verstehen?» meinte Miß Resker nach einer kurzen Stille.

«Meine liebe Miß Resker», erwiderte der Wundermann geduldig, «in der von Ihnen erwähnten Form unterrichtet man kleine Kinder, Wilde und geistig zurückgebliebene Erwachsene. Wenn man jedoch erst einmal das Problem gelöst hat, bei einem Tier mit sehr hochentwickelter Intelligenz den Anfang zu finden, braucht man diese ermüdende Methode nicht mehr. Tobermory ist in der Lage, unsere Sprache völlig korrekt zu sprechen.»

In diesem Augenblick sagte Clovis deutlich vernehmbar: «Wahnsinn!» Sir Wilfrid war zwar höflicher, jedoch nicht weniger skeptisch. «Vielleicht ist es am besten, wir lassen Tobermory hereinholen und bilden uns dann selbst ein Urteil?» schlug Lady Blemley vor.

Sir Wilfrid begab sich auf die Suche nach dem Tier, und die übrigen lehnten sich bequem und in der anspruchslosen Erwartung zurück, Zeugen eines mehr oder weniger geschickten Bauchrednertricks zu werden.

Nur Sekunden später stand Sir Wilfrid wieder in der Tür: Trotz der Bräune war sein Gesicht blaß, und in den Augen spiegelte sich seine Aufregung wider.

«Bei Gott – es ist wahr!»

Seine Erschütterung war echt, und seine Zuhörer waren auf einmal hellwach und blickten ihn gespannt an.

Sir Wilfrid ließ sich in einen Sessel fallen; das

Erlebnis hatte ihm fast den Atem verschlagen. «Er war im Rauchzimmer und schlief. Ich rief ihm zu, er solle zum Tee kommen. Wie üblich blinzelte er mich an, und ich sagte: ‹Los, Toby – wir haben keine Lust, zu warten!› Und bei Gott – mit einer entsetzlich natürlichen Stimme erwiderte er daraufhin, daß er käme, wenn es ihm paßte! Mich hat es fast umgeworfen!»

Appin hatte vor völlig ungläubigen Zuhörern gepredigt; Sir Wilfrids Feststellung überzeugte jedoch sofort. Ein Durcheinander verwirrter, aufgeregter Stimmen erhob sich, in dem der Wissenschaftler schweigend in seinem Sessel saß und die ersten Früchte seiner erstaunlichen Entdeckung genoß.

Dann betrat Tobermory den Raum; auf seinen Sammetpfoten schritt er mit betonter Gleichgültigkeit zu der Gruppe, die um den Teetisch saß.

Alle Anwesenden waren plötzlich verlegen und befangen; niemand wagte es, eine Hauskatze anzusprechen, deren geistige Fähigkeiten denen der Anwesenden ebenbürtig waren.

«Möchtest du etwas Milch haben?» fragte Lady Blemley schließlich mit ziemlich aufgeregter Stimme.

«Meinetwegen», lautete die Antwort, die in einem völlig gleichgültigen Ton gesprochen wurde. Ein Schauer unterdrückter Aufregung überlief die Zuhörer, und Lady Blemley goß die Milch mit bebender Hand in die kleine Schüssel. Aber das war verständlich. «Ich glaube, ich habe etwas danebengegossen», sagte sie entschuldigend.

«Schließlich gehört der Teppich nicht mir», erwiderte Tobermory nur.

Wieder senkte sich ein Schweigen über die Anwesenden. Schließlich fragte Miß Resker mit ihrem hochmütigsten Gesicht, ob die menschliche Sprache schwer zu erlernen sei. Tobermory sah sie einen Augenblick aufmerksam an und senkte dann vorwurfsvoll den Blick: Damit zeigte er deutlich, daß er nicht geneigt war, auf derartig einfältige Fragen einzugehen.

«Was hältst du von der menschlichen Intelligenz?» fragte Mavis Pellington schüchtern.

«Wessen Intelligenz meinen Sie im besonderen?» fragte Tobermory kühl.

«Zum Beispiel – zum Beispiel meine», sagte Mavis und lachte dabei verlegen.

«Damit bringen Sie mich in eine peinliche Situation», sagte Tobermory, dessen Ton und Benehmen jedoch keinerlei Peinlichkeit verrieten. «Als Ihr Name im Zusammenhang mit den Einladungen zu dieser Party genannt wurde, erhob Sir Wilfrid Einspruch, weil Sie die dümmste Frau seines ganzen Bekanntenkreises seien und weil zwischen Gastfreundschaft und der Wohltätigkeit für geistig Minderbemittelte ein erheblicher Unterschied bestehe. Lady Blemley erwiderte darauf, daß Ihr mangelnder Verstand doch gerade der Grund zu der Einladung sei, da Sie – Lady Blemleys Ansicht nach – der einzig in Frage kommende Mensch wären, der ihren alten Wagen kaufen würde. Sie kennen den Wagen doch, nicht wahr? Man nennt ihn hier ‹Der Neid des Sisyphos›, weil er jede Steigung sehr flott nimmt, wenn man ihn schiebt.»

Lady Blemleys Protest wäre erheblich wirkungsvoller gewesen, wenn sie nicht am gleichen Morgen – ganz nebenbei – zu Mavis gesagt hätte, daß der fragliche Wagen genau das richtige für sie sei, da sie schließlich in dem hügeligen Gebiet von Devonshire wohne.

Um von diesem Thema abzulenken, stürzte Major Barfield sich in das Gespräch.

«Was ist eigentlich mit der gefleckten Stallkatze, mit der du dich dauernd herumtreibst? Antwort!»

Jeder der Anwesenden merkte im gleichen Augenblick, daß diese Frage ein großer Fehler war.

«Normalerweise redet man vor anderen nicht über derartige Dinge», erwiderte Tobermory kalt. «Nach allem, was Sie sich seit Ihrer Ankunft in diesem Hause geleistet haben, würde es Ihnen aller Wahrscheinlichkeit nach auch nicht passen, wenn ich die Unterhaltung auf Ihre eigenen Affären brächte.»

Die Unruhe, die diese Worte auslösten, beschränkte sich nicht nur auf den Major.

«Könntest du vielleicht in der Küche nachfragen, ob dein Essen schon fertig ist?» schlug Lady Blemley sofort vor und versuchte damit die Tatsache zu übersehen, daß es bis zu Tobermorys Abendbrot mindestens noch zwei Stunden dauern würde.

«Nein, danke», sagte Tobermory, «das hat noch Zeit. Ich möchte nicht an einer Magenverstimmung sterben.»

«Du weißt doch, daß Katzen neun Leben haben», meinte Sir Wilfrid nachdrücklich.

«Möglich ist es», erwiderte Tobermory. «Aber sie haben nur eine Leber.»

«Adelaide!» warf Mrs. Cornett ein, «willst du diese Katze etwa noch dazu ermuntern, draußen mit dem Personal über uns zu lästern?»

Das Entsetzen hatte inzwischen alle Anwesenden ergriffen. Vor den meisten Schlafzimmerfenstern lief nämlich eine schmale, mit Ornamenten verzierte Balustrade entlang, und man erinnerte sich auf einmal, daß sie zu jeder Zeit Tobermorys Lieblingsaufenthalt war, von dem aus er die Tauben beobachtete – und der Himmel allein wußte, wen noch! Mrs. Cornett, die einen erheblichen Teil ihrer Zeit vor dem Toilettenspiegel verbrachte und der man ein nomadenhaftes, wenn auch pünktliches Wesen nachsagte, machte einen genauso unruhigen Eindruck wie der Major. Sollte Tobermory in seiner offenen Art sich einiger Dinge erinnern, würde die Wirkung mehr als nur verwirrend sein. Miß Scrawen, die ausgesprochen sinnliche Gedichte verfaßte und ein makelloses Leben führte, zeigte nur Entsetzen; wenn man in persönlichen Dingen systematisch und tugendsam vorgeht, hat man nicht unbedingt das Verlangen, daß alle Welt es erfährt. Bertie van Tahn, der schon mit siebzehn Jahren so verdorben war, daß er bereits vor einiger Zeit den Wunsch, noch schlimmer zu werden, fallengelassen hatte, verfärbte sich und wurde kalkweiß; immerhin beging er nicht den Fehler, den Raum überstürzt zu verlassen – wie Odo Finsberry, ein junger Mann, der Theologie studierte und den der Gedanke, in die Skandale anderer Menschen eingeweiht zu werden, völlig verwirrte. Clovis besaß die Geistesgegenwart, äußerlich völlig unbeteiligt zu wirken. Er überschlug in Gedanken, wie lange es dauern würde, sich irgendwoher eine Kiste mit besonders zarten Mäusen schicken zu lassen – als eine Art Schweigegeld.

Selbst in dieser heiklen Situation konnte Agnes Resker es nicht ertragen, längere Zeit im Hintergrund stehen zu müssen.

«Warum bin ich nur hierhergekommen?» rief sie dramatisch aus. Tobermory ergriff sofort die Gelegenheit.

«Nach allem, was Sie gestern Mrs. Cornett gegenüber während des Krocketspiels äußerten, sind Sie wegen des ausgezeichneten Essens gekommen.

Von den Blemleys sagten Sie, sie seien die langweiligsten Menschen, die Sie kennten; dann meinten Sie jedoch, daß die Blemleys immerhin so klug gewesen seien, sich einen ausgezeichneten Koch zu halten – sonst wäre es Ihrer Ansicht nach auch kaum vorstellbar, daß irgendein Gast zum zweitenmal hierherkäme.»

«Nicht ein einziges Wort ist davon wahr! Mrs. Cornett ist mein Zeuge...»

«Mrs. Cornett wiederholte Ihre Worte gegenüber Bertie van Than», fuhr Tobermory fort, «und sagte noch: ‹Dieses Weib ist ein regelrechter Freßsack. Wenn sie weiß, daß sie ihre vier ausgiebigen Mahlzeiten pro Tag bekommt, geht sie überall hin!› Und Bertie van Than sagte...»

Glücklicherweise wurde der Bericht an dieser Stelle unterbrochen. Tobermory hatte Tom, den großen gelben Kater aus dem Pfarrhaus, entdeckt, der durch die Ziersträucher zum Stall schlich. Mit einem gewaltigen Satz war er durch die offenstehende Terrassentür verschwunden.

Nach der Flucht seines allzu gelehrigen Schülers fand sich Cornelius Appin plötzlich inmitten eines Orkans erbitterter Vorwürfe, ängstlicher Fragen und flehender Bitten. Allein bei ihm liege die Verantwortung für die entsetzliche Situation, und an ihm sei es jetzt, dafür zu sorgen, daß alles nicht noch schlimmer würde. Ob Tobermory seine gefährliche Begabung auch anderen Katzen mitteilen könne, war das erste, was man ihn fragte. Möglich sei es, erwiderte er, daß er seine intime Freundin, die Stallkatze, in seine neuen Fähigkeiten einweihe; es sei jedoch unwahrscheinlich, daß er damit Erfolg hätte.

«Meinetwegen mag Tobermory eine wertvolle Katze und ein besonders liebes Tier sein», meinte Mrs. Cornett. «Du wirst jedoch zugeben müssen, Adelaide, daß man ihn möglichst schnell beseitigen muß – und die Stallkatze auch!»

«Glaubst du etwa, daß ich die letzte Viertelstunde besonders genossen habe?» sagte Lady Blemley verbittert. «Mein Mann und ich mögen Tobermory wirklich gern – wenigstens mochten wir ihn, solange er diese schrecklichen Fähigkeiten noch nicht besaß. Aber jetzt gibt es natürlich keine andere Lösung, als ihn so schnell wie möglich zu beseitigen.»

«Vielleicht könnten wir etwas Strychnin in sein Fressen tun», meinte Sir Wilfrid. «Die Stallkatze werde ich persönlich ersäufen. Der Kutscher wird seinem Liebling zwar nachtrauern, aber ich werde einfach sagen, daß bei beiden Katzen eine ansteckende Räude ausgebrochen sei und daß wir fürchteten, sie könnten auch die Hunde infizieren.»

«Und meine einzigartige Entdeckung!» unterbrach Mr. Appin ihn. «Nach so vielen Jahren des Forschens und Experimentierens...»

«Meinetwegen experimentieren Sie mit Rindviechern weiter, die man eingesperrt halten kann», sagte Mrs. Cornett. «Oder auch mit den Elefanten in den Zoologischen Gärten. Elefanten sollen doch so intelligent sein, und außerdem sagt man von ihnen, daß sie sich weder in Schlafzimmern herumtreiben noch unter Sesseln verstecken!»

Ein Erzengel, der verzückt das Tausendjährige Reich verkündet hat und dann feststellen muß, daß es aus irgendeinem Grund auf unbestimmte Zeit hinausgeschoben wird, könnte kaum enttäuschter sein als Cornelius Appin über das Echo, das sein wunderbarer Erfolg ausgelöst hatte. Die öffentliche Meinung stand jedoch gegen ihn, und hätte man auf die Stimme der Allgemeinheit gehört, wäre eine bedeutende Minderheit vermutlich dafür gewesen, ihm ebenfalls eine strychningewürzte Speise vorzusetzen.

Schlechte Zugverbindungen und der nervöse Wunsch, das hoffentlich gute Ende noch mitzuerleben, verhinderten die sofortige Abreise der Beteiligten; aber trotzdem war das Abendessen kein gesellschaftlicher Erfolg. Besonders Sir Wilfrid hatte aufregende Stunden hinter sich – zuerst wegen der Katze, dann wegen des Kutschers. Agnes Resker begnügte sich – für alle sichtbar – mit einem trockenen Toast, in den sie jedoch hineinbiß, als sei er ihr persönlicher Feind. Mavis Pellington befleißigte sich eines störrischen Schweigens; Lady Blemley dagegen redete ununterbrochen und hoffte, daß man es als Unterhaltung ansehen würde, während ihre Augen immer wieder zur Tür wanderten. Auf dem Büfett stand eine Schüssel mit sorgfältig präpariertem Fisch – aber nachdem Nachspeise, Käse und Mokka abserviert waren, hatte man Tobermory weder im Speisezimmer noch in der Küche gesehen.

Der Leichenschmaus fand seine würdige Fortsetzung in der Nachtwache, die im Rauchzimmer abgehalten wurde. Essen und Trinken hatten zumindest zur Folge, daß die herrschende Verlegenheit bemäntelt und man von ihr abgelenkt wurde. Eine Partie Bridge stand jedoch bei der herrschenden Nervenanspannung und aufgrund der allgemeinen Stimmung gar nicht zur Debatte. Um elf Uhr ging das Personal zu Bett, nachdem noch Bescheid gesagt worden war, daß das kleine Fenster in der Anrichte – Tobermorys Privateingang – wie üblich offenstehe. Die Gäste hingegen lasen sich standhaft durch die vorhandenen Magazine hindurch und griffen sogar auf literarische Zeitschriften sowie auf die verschiedenen Sammelbände des «Punch» zurück. In regelmäßigen Abständen suchte Lady Blemley die Anrichte auf, kehrte jedoch immer mit einem Ausdruck dumpfer Niedergeschlagenheit zurück, der jede Frage überflüssig machte.

Um zwei Uhr brach Clovis das lastende Schweigen. «Heute nacht kommt er doch nicht mehr. Vermutlich sitzt er in der Redaktion der hiesigen Zeitung und diktiert das erste Kapitel seiner Memoiren. Sie werden alles übrige aus dem Felde schlagen und die Sensation des Tages werden.»

Nachdem Clovis seinen Beitrag zur allgemeinen Unterhaltung beigesteuert hatte, begab er sich zu Bett. In längeren Abständen folgten die anderen Gäste seinem Beispiel.

Die Diener, die am folgenden Morgen den Frühstückstee auf den Zimmern servierten, gaben auf die stets gleiche Frage eine ständig wiederkehrende Antwort: Tobermory sei noch nicht da.

Das gemeinsame Frühstück verlief – wenn überhaupt möglich – noch unerfreulicher als das gestrige Abendessen; bevor man sich jedoch wieder erhob, wurde die Situation geklärt: Tobermorys Leichnam wurde ins Haus gebracht. Einer der Gärtner hatte ihn zwischen den Ziersträuchern gefunden. Aus der Bißwunde an seiner Kehle und den gelben Haarbüscheln an seinen Krallen wurde deutlich, daß er in dem ungleichen Kampf mit dem Tom aus dem Pfarrhaus unterlegen war.

Gegen Mittag hatten die meisten Gäste das Haus verlassen, und nach dem Essen hatte sich Lady Blemley wieder so weit erholt, daß sie an das Pfarrhaus einen äußerst unangenehmen Brief wegen des Verlustes ihres Lieblings schreiben konnte.

Tobermory war Mr. Appins erster erfolgreicher Schüler gewesen, und das Schicksal wollte es, daß er keinen Nachfolger bekam.

Wenige Wochen später riß sich im Dresdner Zoo – ohne vorher die geringste Erregung zu zeigen – ein Elefant los und tötete einen Engländer, der ihn offenbar geärgert hatte. Der Name des Unglücklichen wurde von den Zeitungen verschieden angegeben: einmal als Oppin, dann wieder als Eppelin. Als Vorname wurde jedoch überall gleichlautend Cornelius genannt.

«Wenn er versucht haben sollte, dem armen Tier die deutschen unregelmäßigen Verben beizubringen, hat er es auch nicht anders verdient», sagte Clovis.

ERNEST HEMINGWAY

Katze im Regen

Im Hotel wohnten nur zwei Amerikaner. Von all den Leuten, die ihnen auf ihrem Weg in ihr Zimmer auf der Treppe begegneten, kannten sie niemanden. Ihr Zimmer war in der zweiten Etage mit dem Blick aufs Meer und auch auf die öffentlichen Anlagen und das Kriegerdenkmal. In den öffentlichen Anlagen gab es große Palmen und grüne Bänke. Bei gutem Wetter war da immer auch ein Maler mit seiner Staffelei. Maler mochten die Art, wie die Palmen wuchsen, und die leuchtenden Farben der Hotels, die den Gärten und dem Meer gegenüberlagen. Italiener kamen von weit her, um an dem Kriegerdenkmal emporzusehen. Es war aus Bronze und glänzte im Regen. Es regnete. Der Regen tropfte von den Palmen. Wasser stand in Pfützen auf den Kieswegen. Das Meer durchbrach in einer langen Linie den Regen, glitt über den Strand zurück und kam herauf, um sich wieder in einer langen Linie im Regen zu brechen. Die Autos waren von dem Platz beim Kriegerdenkmal verschwunden. Auf der Schwelle eines gegenüberliegenden Cafés stand ein Kellner und blickte über den leeren Platz.

Die junge Amerikanerin stand am Fenster und sah hinaus. Grad unter ihrem Fenster hockte eine Katze unter einem der von Regen triefenden Tische. Die Katze suchte sich so zusammenzuballen, daß es nicht auf sie tropfen konnte.

«Ich geh' runter und hole das Kätzchen», sagte die junge Amerikanerin.

«Ich werd's machen», erbot sich ihr Mann vom Bett her.

«Nein, ich hol's. Das arme Kätzchen da draußen; was es sich anstrengt, unter dem Tisch trokken zu bleiben.»

Ihr Mann las weiter; er lag am Fußende des Bettes auf die zwei Kopfkissen gestützt.

«Werd nicht naß», sagte er.

Seine Frau ging hinunter, und der Hotelbesitzer stand auf und verbeugte sich, als sie am Büro vorbeikam. Sein Pult stand ganz hinten im Büro. Er war ein alter und sehr großer Mann.

«*Piove*», sagte die Frau. Sie mochte den Hotelbesitzer.

«*Sì, sì, Signora, brutto tempo*. Es ist sehr schlechtes Wetter.»

Er stand hinter seinem Pult in der Tiefe des dämmrigen Zimmers. Die Frau mochte ihn. Sie mochte die todernste Art, mit der er alle Beschwerden entgegennahm. Sie mochte seine Würde. Sie mochte die Art, wie er ihr gegenüber immer dienstbereit war. Sie mochte, wie er sich als Hotelbesitzer fühlte. Sie mochte sein altes, schweres Gesicht und seine großen Hände.

Sie mochte ihn, machte die Tür auf und sah hinaus. Es regnete stärker. Ein Mann in einem Gummicape überquerte den leeren Platz zum Café. Rechts um die Ecke mußte die Katze sein. Vielleicht konnte sie unter der Dachtraufe trocken bis hin gelangen. Während sie auf der Schwelle stand, öffnete sich hinter ihr ein Regenschirm. Es war das Mädchen, das ihr Zimmer aufräumte.

«Sie sollen nicht naß werden», sagte sie lächelnd. Natürlich hatte sie der Hotelbesitzer geschickt.

Das Mädchen hielt den Schirm über sie, während sie auf dem Kiesweg unter ihr Fenster ging. Der Tisch stand da, vom Regen hellgrün gewaschen, aber die Katze war fort. Sie war plötzlich enttäuscht. Das Mädchen sah fragend zu ihr auf.

«*Ha perduto qualche cosa, Signora?*»

«Da war eine Katze», sagte die junge Amerikanerin.

«Eine Katze?»

«*Sì, il gatto.*»

«Eine Katze?» lachte das Mädchen. «Eine Katze im Regen?»

«Ja», sagte sie, «unterm Tisch», und dann: «Ach, ich wollte sie so gern haben. Ich wollte so gern ein Kätzchen haben.»

Als sie englisch sprach, nahm das Gesicht des Zimmermädchens einen verschlossenen Ausdruck an.

«Kommen Sie, Signora», sagte sie, «wir müssen wieder hinein, Sie werden sonst naß.»

«Vermutlich», sagte die junge Amerikanerin.

Sie gingen den Kiesweg zurück und überschritten die Schwelle. Das Mädchen blieb draußen, um den Schirm zuzumachen. Als die junge Amerikanerin an dem Büro vorbeiging, verbeugte sich der Padrone hinter seinem Pult. Sie fühlte sich innerlich irgendwie sehr klein und wie zugeschnürt. Beim Anblick des Padrone fühlte sie sich sehr klein und gleichzeitig wirklich wichtig. Einen Augenblick hatte sie ein Gefühl von höchster Wichtigkeit. Sie ging weiter, die Treppe hinauf. Sie öffnete die Zimmertür. George lag lesend auf dem Bett.

«Hast du die Katze?» fragte er und legte das Buch hin.

«Sie war weg.»

«Wo sie wohl hin sein mag?» sagte er, während er seine Augen vom Lesen ausruhte.

Sie setzte sich aufs Bett.

«Ich wollte sie so furchtbar gern haben», sagte sie. «Ich weiß eigentlich gar nicht, warum ich sie so gern haben wollte. Ich wollte das arme Kätzchen haben. Es ist kein Spaß, ein armes Kätzchen draußen im Regen zu sein.»

George las wieder.

Sie ging hinüber, setzte sich vor den Spiegel ihres Toilettentisches und besah sich in ihrem Handspiegel. Sie besah sich prüfend ihr Profil, erst eine Seite, dann die andere. Dann betrachtete sie ihren Hinterkopf und ihren Nacken.

«Was meinst du, wäre es nicht eine gute Idee, wenn ich meine Haare wachsen ließe?» fragte sie und besah sich nochmals ihr Profil.

George blickte auf und sah ihren Nacken, der wie bei einem Jungen ausrasiert war. «Ich mag es so, wie es ist.»

«Ach, ich hab's so über», sagte sie. «Ich hab's so über, wie ein Junge auszusehen.»

George veränderte seine Lage auf dem Bett. Er hatte, seitdem sie redete, nicht von ihr weggesehen.

«Du siehst ganz verteufelt hübsch aus», sagte er.

Sie legte den Spiegel auf den Toilettentisch, ging zum Fenster hinüber und sah hinaus. Es wurde dunkel.

«Ich möchte meine Haare ganz straff und glatt nach hinten ziehen und hinten einen schweren Knoten machen, den ich wirklich fühlen kann», sagte sie. «Und ich möchte ein Kätzchen haben, das auf meinem Schoß sitzt und schnurrt, wenn ich es streichle.»

«Wahrhaftig?» sagte George vom Bett her.

«Und ich will an meinem eigenen Tisch mit meinem eigenen Besteck essen, und ich will Kerzen. Und ich will, daß es Frühling ist, und ich will mein Haar vor dem Spiegel richtig bürsten können, und ich will ein Kätzchen haben, und ich will ein paar neue Kleider haben.»

«Nun hör schon auf, und nimm dir was zu lesen», sagte George. Er las wieder.

Seine Frau sah aus dem Fenster. Draußen war es jetzt ganz dunkel, und es regnete immer noch in den Palmen.

«Auf jeden Fall will ich eine Katze haben», sagte sie. «Ich will eine Katze haben. Ich will sofort eine Katze haben. Wenn ich keine langen Haare oder sonst ein bißchen Spaß haben kann, eine Katze kann ich haben.»

George hörte nicht zu. Er las sein Buch. Seine Frau sah aus dem Fenster auf den Platz, wo die Laternen jetzt angezündet waren.

Jemand klopfte an die Tür.

«*Avanti*», sagte George. Er sah von seinem Buch auf.

In der Tür stand das Zimmermädchen. Sie hielt eine große schildpattfarbene Katze eng an sich gepreßt, die an ihrem Körper herunterhing.

«Verzeihung», sagte sie. «Der Padrone sagte, ich soll dies der Signora bringen.»

ALFRED BREHM

Das feine Gehör

«Ich hatte mich», erzählte ein Freund, «bei warmer, stiller Luft in meinem Hof auf einer Bank im Schatten der Bäume niedergelassen und wollte lesen. Da kam eines von meinen Kätzchen schnurrend und schmeichelnd heran und kletterte mir nach alter Gewohnheit auf Schulter und Kopf. Beim Lesen war das störend; ich legte also ein zu solchem Zweck bestimmtes Kissen auf meinen

Schoß, das Kätzchen darauf, drückte es sanft nieder, und nach zehn Minuten schien es fest zu schlafen, während ich ruhig las und um uns her Vögel sangen. Das Kätzchen hatte den Kopf, also auch die Ohren, südwärts gerichtet.

Plötzlich sprang es mit Blitzesschnelligkeit rückwärts. Ich sah ihm erstaunt nach; da lief nordwärts von uns ein Mäuschen von einem Busch zum andern über glattes Steinpflaster, wo es natürlich gar kein Geräusch machen konnte. Ich maß die Entfernung, in der das Kätzchen die Maus hinter sich gehört hatte. Sie betrug etwa vierzehn Meter.»

EUGEN SKASA – WEISS

Meine Gewitterkatze

Wie August Strindberg, der bei Gewittern elektrische Zustände bekam und sich verkroch, fürchten Katzen das Schlimmste, sobald es donnert.

Nur möglichst weit weg, sagen sich die Katzen, wenn es rumpelt, wahrscheinlich führen da oben Menschen ihre neuesten Lärmschlager vor. Denn mit dem Menschen, dem Schöpfer der Staubsauger, Ehekrache und Rasenmäher, bringt eine erfahrene Katze jede Art von Höllenspektakel in engen Zusammenhang. Katzen besitzen ein Ohr, das die ätherischen Harmonien einer schnurrbartputzenden Maus vernimmt – und so etwas Feines lassen sie sich durch Klamauk nicht verderben. Zum himmlischen Klamauk der Gewitter machen sie, wie das Sprichwort ergründet hat, ein Gesicht wie die Katz', wenn's donnert.

Nun können Katzenkenner allerdings beschwören, daß dies kein Lehrsatz ohne Ausnahme ist. Katzen benehmen sich, wie sie wollen, deshalb wird jedes Sprichwort, das zehntausend Katzen wie auf den Leib geschnitten ist, von einer zehntausendeinen Katze auf den Kopf gestellt. Eine dieser zehntausendeinen Katzen ist die meine. Sie liebt Gewitter. Sie stellt Gewittern nach. Sie ist, wenn es donnert, vor Gewitterlust nicht mehr zu halten: Laß mich hinaus, gleich geht es los!

Schon bei ferner aufziehenden Gewitterwolken hißt sie das Schwänzchen, ohne zu bedenken, daß ein senkrecht aufgerichteter Schwanz für aufmerksame Blitze unwiderstehlich werden könnte. Sie ist eine Siamkatze und sieht die Welt grundsätzlich anders als Hinz und Mieze. Erwartungsvoll springt sie auf den regengeschützten Gartenstuhl unter dem Balkon, rollt die Pfötchen vorsichtig ein, weil den Regentropfen nicht zu trauen ist, und sieht wie Rabindranath Tagore sehnsüchtig hinaus in die Weite.

Aus der Schwüle, die sich grollend entspannt,

jagen jählings Blätter hoch, Regenspritzer zerplatzen, Äste biegen sich, Vögel scheuchen ins Gebüsch, der Himmel zuckt, und hoch oben wird gebrüllt. Als Gewitterforscherin nimmt sie dieses Gebrüll gelassen auf. Was in diesem Naturwildwestfilm zu sehen ist, findet sie viel toller. Nur bei Einschlägen in der Nähe springt sie protestierend vom Stuhl: «Man kann alles übertreiben!» Indigniert begibt sie sich ins Zimmer, wo sie hinter der Fensterscheibe mit dem Schwänzchen zuckt und blauäugig in die Blitze starrt.

Natürlich liebt sie den Lärm so wenig wie normale Katzen. Aber, sagt ihr Fensterguckerblick, was ist das schlimmste Gewitter gegen die plötzlich aufheulende Mixmaschine in der Küche? Eine reine Erholung. Hat sich der Donner jemals so aufdringlich kläffend gegen mich direkt gewandt wie dieser blöde Wachtelhund hinter dem Nachbarzaun? Ist der Donner im Vergleich mit Telefonklingeln und Staubsaugern nicht ein wahrhaft künstlerischer Lärm?

Ihre furchtlosen Gewitterforschungen haben den Erfahrungskreis meiner Siamesin über das Haarsträubende philosophisch geweitet. Haarsträubendes, sagt sie sich, gibt es ausschließlich hier auf dieser Erde. Man kann es kratzen oder fliehen. Was an dramatischem Lärm von oben kommt, ist ein Shakespearestück für naturbelesene Katzen. Sie selbst ist klein, ihr Herz ist rein. Meine

Großmutter sagte mir, wenn ich mich vor Gespenstern fürchtete, dasselbe: Böse Geister gibt es nicht, es gibt nur böse Menschen. Man kann sie kratzen oder fliehen – nein, böse Menschen zu kratzen empfahl sie nicht, aber ihre Ansichten über das Haarsträubende ähnelten jener meiner kleinen Siamkatze aufs Haar.

Eine aufgeklärte Katze? Eine romantische? Man sieht da nicht recht durch. Aber so oft mir die Ungezogenheit unterläuft, daß die dicke Sonntagszeitung vom Tisch auf den Teppich fällt, schrickt sie zusammen und murrt beleidigt von ihrem Schrank herab: «Paß doch auf, rüder Tölpel! Eines Tages schmeißt du mit deiner Radaulust noch das ganze Haus über mir zusammen!»

Einem brüllenden Donnerschlag würde sie niemals so pampig entgegentreten. Im Gegenteil. Wenn ich an ihrer Gewitterkanzlei im Garten vorbeikomme, um hastig Tischtuch und Terrassenschirm zu retten, sieht sie mich bei jedem Blitz voll und triumphierend an: «Paß auf, was für ein Ding da gleich auf dich herunterkommt!»

ELISABETH CASTONIER

Ein Gentleman stirbt

Kater Rum hatte sein vierzehntes Lebensjahr erreicht. Er war, was man einen rüstigen älteren Herrn nennt, auch wenn er nicht mehr mit demselben mühelosen Schwung in das alte Backofenloch sprang, sondern es vorzog, eine Zwischenlandung auf dem Stuhl vorzunehmen. Sein täglicher Rundgang wurde noch immer absolviert, wenn auch stark gekürzt. Hin und wieder fing er eine unerfahrene Jungmaus, die sich verirrt hatte, oder brachte einen aus dem Nest gefallenen Vogel ins Haus. Am liebsten ruhte er jedoch im kleinen Vorgarten, um dort stundenlang in tiefsinniger, von Mezzoforte-Schnurren begleiteter Betrachtung zu verbleiben – über die Qualität von Nachkriegsmäusen, über die neue, freche Katergeneration –, vielleicht aber träumte er auch bloß vor sich hin.

Die Jungkater störten ihn. Zwar hatten sie Respekt vor seiner vollendeten Sezierkunst, aber hin und wieder vergaß doch so ein Bursche, daß er ein Patriarch war, den man achten und in Ruhe lassen mußte – und tastete vorlaut nach seinem buschigen, goldenen Schwanz oder zischte dem Ruhenden vorlaut aus nächster Nähe ins Gesicht, um dann rasch zu fliehen wie ein Schuljunge, der an fremden Haustüren klingelt.

Rum war jetzt heikler als je, was seine Essensgewohnheiten betraf. Er nahm nur noch Auserlesenes in ständiger Abwechslung zu sich: fein gehacktes, ganz mageres Fleisch und, falls Fisch auf dem Menü stand, niemals Hering. Dafür hin und wieder, ganz selten, etwas geräucherte Flunder. Die neuen Konserven, auf denen ein Kater abgebildet war, verachtete er naserümpfend.

Wie die Herzogin beklagte er sich unwillig, wenn ihm etwas vorgesetzt wurde, das ihm nicht paßte oder auf das er gerade an dem Tag keinen Appetit hatte. Sogar Jane nahm mit den Jahren Rücksicht auf seine Alterswünsche und sagte zuweilen:

«Der alte Mann hat heute wieder keinen Appetit auf Fisch, ich habe ihm etwas von unserem Roastbeef gegeben.»

Oder: «Ich glaube, er möchte heute etwas Leber zum Tee haben.»

Daß er allerlei Vitamine bekam, ist selbstverständlich. Nur mußte man sie sorgfältig verbergen, in Fisch mischen oder in Sahne auflösen, und auch dann lehnte er sie zuweilen ab.

Es schien, als ginge er nur noch aus Prestigegründen auf Moorhennen- oder Mäusejagd. Rattenfang hatte er seit einiger Zeit aufgegeben. Er tat dies wohl nur, um den Jungen zu zeigen, daß er sich noch nicht völlig zurückgezogen habe und noch immer Spezialist im Sezieren und Alleinherrscher im Mill-Farm-Bezirk war.

Aber die Grenzen seines Jagdreviers waren jetzt enger gesteckt. Am liebsten beschränkte er sich auf Naheliegendes, leicht Erreichbares – auf eben jene aus dem Nest gefallenen Jungvögel, mit denen er verträumt spielte und sie dann gelangweilt liegen ließ, als wäre es nicht der Mühe wert, sie zu zerlegen, weil sie ja nur Haut und Knochen wären.

Bald beschränkte er sich auf verunglückte Spinnen oder sommermüde Fliegen und auf Katzengras, das er sorgfältig zu sich nahm, weil es wichtig für eine gute Verdauung ist.

Am liebsten hielt er jedoch seine Liegekur und nahm ein Sonnenbad, wenn es warm genug war.

Seine veränderte Lebensweise fiel sogar Jane auf, die stets mehr zu tun hatte, als sie zu bewältigen vermochte.

«Eines Tages werden wir wohl auch soweit sein wie der alte Mann und uns nur noch ausruhen wollen – aber jetzt noch nicht.»

Für Rum schien es sich ausschließlich darum zu handeln, der Jugend zu zeigen, was ein begabter Kater aus der guten alten Zeit war. Er tat dies mit unerbittlicher Strenge, mit schallenden Ohrfeigen, mit dumpfen Grollauten, besonders wenn JungJames, ein silbergrau Getigerter, ihm zu nahe kam. Er verscheuchte auch den einzigen Sohn der Herzogin, den blauen Perser, Bapu, den wir mit Gandhis zärtlichem Namen bedacht hatten, weil er von jung auf nur zu meditieren schien und niemals ein Geschöpf tötete. Er knurrte erbost, wenn sich nicht zuständige, nicht ansässige Katzen der Farm näherten. Und wenn eine fremde Katzendame erschien, blinzelte er bloß schläfrig, ohne sich zu rühren, wie eben ein alter Herr zu tun pflegt, der zwar gern etwas Hübsches sieht, sich aber nicht mehr in seiner beschaulichen Ruhe stören lassen will.

Und wieder einmal wurde es Frühling, sommerlich warm, mit graublauen duftigen Opalschleiern über dem goldenen Antlitz der Sonne und der ganzen Landschaft, mit kühl-feuchten Nächten und windstillen Mittagsstunden.

An einem jener warmen Frühsommertage war es, daß Rum, sehr müde und die leicht gelähmte Hinterhand nachschleppend, in den Vorgarten gekommen war, um dort seine Jagdbeute, eine kleine Jungmaus, sorgfältig zu zerlegen, obwohl er erst vor kurzem ausgiebig gespeist hatte.

Die anderen Katzen beobachteten seine Sezierkünste aus respektvoller Entfernung, teils vom Vordach der Haustür, teils von Fensterbrettern – und Bapu lag im leuchtendroten Geranienbeet.

Rum hatte gerade sein Opfer nach allen Regeln der Kunst zerlegt, um auf kürzestem Wege die wichtigen Vitamine zu erreichen, und war gerade dabei, das winzige Mäuseherz zu verspeisen, als ein Geräusch ihn störte – er blickte auf: es war die schneeweiße, blauäugige Perserin, Bianca, die dem Nachbarn entschlüpft war, der sie stets wie eine gefangene Prinzessin hielt, damit sie keine Mesalliance eingehen könne.

Aber – es war Mai. Und der Mai lockte, die schöne Bianca war ihrem Gefängnis irgendwie entflohen und wanderte mit kleinen, gezierten Schritten und zärtlich-affektierten Lauten dem Farmhaus und dem Vorgarten zu, als beklage sie sich über Staub und Kuhfladen, die ihr schimmerndes Gewand, den unruhig peitschenden Schwanz beschmutzen könnten.

Die Kater wandten sich von der Betrachtung der Mäuse-Autopsie ab und ihr zu, und Rum blinzelte, leicht interessiert.

Jung-James begann leise zu singen, und Bianca tat, was schöne Frauen aller Gattungen tun: sie tat, als bemerke sie dies Interesse nicht, sondern sprang elastisch über den moosbetupften, schiefen Zaun und ließ sich nur wenige Schritte entfernt von Rum im Gras nieder. Dann begann sie, sich zu rollen und kläglich zu wimmern, was man hier «The Queen is calling», die Königin ruft, auf dem sachlichen Kontinent hingegen «katzeln» zu nennen pflegt.

Jung-James erlebte seinen ersten Lebensfrühling und antwortete ein wenig schüchtern, während Bapu, der im Geranienbeet meditiert hatte, seine orangefarbenen Augen öffnete.

Bianca begann sich mit einemmal ausführlich zu putzen wie ein Filmstar, der sich zur Aufnahme vorbereitet.

Rum, die goldfarbene Tatzenhand auf seiner Miniaturbeute, blinzelte zu ihr hinüber.

Aber Bianca tat, als bemerke sie all dies Interesse nicht, nicht einmal, daß die Herzogin auf ihrem Stuhl mit dem rotseidenen Kissen sie verächtlich mit schief gezogenem rosa Mund anstarrte, wie eben ältere, ein wenig verblühte Frauen junge Frauen mustern.

Bianca putzte sich, unbekümmert, mit kleinen ekstatischen Bewunderungsrufen über die eigene Vollkommenheit.

James war nur noch zwei Fuß von ihr entfernt, und seine Serenade wurde lauter.

In diesem Augenblick erhob sich Rum ein wenig steifbeinig und schrie ihn an, so daß James fassungslos zurückwich.

Die schöne Bianca wimmerte, machte einen Satz und verschwand, ein weißes, duftiges Katzengespenst, im Fliederbusch.

Von dort aus rief, flehte, drohte und lockte sie schrill.

Und zur Antwort ertönte eine laute, männlich-leidenschaftliche Stimme.

Es war Bapu, der zu singen begann, und langsam, singend verschwand er mit kühnem Sprung hinter Blüten und Blättern.

Der Fliederbusch zischte, schrie und erzitterte.

Rum wurde mit einemmal zum Miniaturlöwen.

Auch er verschwand im Fliederbusch, und was man jetzt vernahm, war Schlachtenlärm.

Ein schmerzlicher Aufschrei ertönte, und Bapu erschien wieder. Seine Nase und ein Ohr waren gespalten und bluteten, aus seinem Fell war ein großes Dreieck gerissen, und mit einem Wehlaut verschwand er in der Mühle.

Es wurde still, die Katzen blinzelten interessiert.

Dann erschien die schöne Bianca, sprang mit einem affektierten Miau über den Zaun und setzte sich auf der Straße nieder, um ihr schimmernd weißes Fell zu ordnen, wusch sich ausführlich die hellrosa Nase und das Gesicht, jedoch nur ein Ohr, und wanderte langsam mit kleinen Schritten, jedem Kuhfladen in weitem Bogen ausweichend, der Brücke und ihrem Gefängnis zu. Ihr buschiger Schwanz schwebte noch einmal wie ein weißes Periskop zwischen den Hecken, dann war sie entschwunden.

Herzogin Nina hatte die Vorgänge interessiert, teils mit halb geschlossenen Augen, teils mit erregten Schwanzschlägen beobachtet. Jetzt gähnte sie ausführlich und gelangweilt, als wolle sie sagen, daß sich nichts seit ihrer Jugendzeit geändert habe.

Daß ihr Sohn von Rum im Duell besiegt worden war, berührte sie nicht.

Und dann erschien Rum.

Langsam hinkte er zum Sonnenfleck zurück und streckte sich müde neben dem kleinen Mäuseherz aus, das er in der Eile und aus Prestigegründen zu speisen vergessen hatte.

Wir fanden ihn später leblos neben den Überresten seiner Jagdbeute. Er starb, wie er gelebt hatte, als Gentleman.

Nicht einmal Casanova war es vergönnt, nach erfolgreicher Jagd, nach einem guten Diner, im siegreichen Zweikampf mit einem jungen Gegner und nach jenem Augenblick die Erde zu verlassen, der von den Franzosen so diskret «une heure d'amour» genannt wird.

Willst du lange leben gesund,
iß wie die Katze, trink wie der Hund.

Katz aus dem Haus,
rührt sich die Maus.

BEVERLEY NICHOLS

Aus dem Katzen-ABC

D steht für DEBET-KONTO

Wenn Oskar ein Mensch wäre, würde ich ihm eine kleine Rechnung für das laufende Jahr zustellen, die sich folgendermaßen zusammensetzte:

Für Aufpolstern von zwei Lehnsesseln, mit blaßgelbem Seidenrips bezogen	£ 22.-.-
Für Reparatur eines kleinen Chippendale-Sofas in antikem karmesinrotem Brokat	£ 15.-.-
Für Neu-Belegen der unteren Treppenstufen mit Teppich, einschl. Material	£ 18.-.-
Für Ausbessern der gelben Samtvorhänge im Musikzimmer	£ 12.-.-
Für Anbringung neuer Seidenfransen an einer Polster-Garnitur	£ 9.-.-
Für Beseitigung diverser Schrammen und Kratzer im ganzen Haus	£ 10.-.-
	£ 86.-.-

Solche Sachen laut werden zu lassen, mag – selbst auf einen Nicht-Katzenfreund – unfreundlich wirken. Aber wenn auch 86 Pfund ein kleiner Preis sind für all die Freude, die Oskar mir Jahr für Jahr gibt, so steigen diese Posten allmählich doch zu sehr an. Allerdings ist Oskar der einzige Möbel-Kratzer. «Vier» zerkratzt niemals etwas. «Fünf» nimmt wohl gelegentlich eine Haltung an, als ob er kratzen wollte, indem er, auf den Hinterbeinen stehend, die Vorderpfoten fest auf ein Stück neuen Brokat aufsetzt – aber dann hält er inne, wendet den Kopf und fängt meinen Blick auf. Woraufhin er dann, mit gespielter Gleichgültigkeit, die Pfoten wieder herunternimmt, als hätte er nur eben mal eine Falte in dem Brokat glattstreichen wollen.

Aber Oskar ist schamlos. Er ist ein sehr großer, sehr schöner Kater mit Krallen wie Säbel, und er scheint seine außergewöhnliche Ungezogenheit bewußt zu genießen. Am hellen, lichten Tag, geradezu vor meiner Nase, schreitet er zum Diwan hinüber, mustert ihn bedächtig, streckt, zum Kratzen bereit, die Krallen heraus und zieht einmal kräftig durch.

Zuerst nahmen wir es nicht allzu ernst. «Er wird es schon bald lernen», sagten wir optimistisch, wenn wir ihm mit der Zeitung auf die Pfoten klopften. «Es wird gar nicht lange dauern, und er kommt unter den guten Einfluß von ‹Vier› und ‹Fünf›.» Aber er lernte nicht. Und gewisse Anzeichen sprachen sogar dafür, daß er, weit davon entfernt, unter den guten Einfluß von «Vier» und «Fünf» zu kommen, die beiden allmählich auch noch verderben könnte. Ich sah ein seltsames, listiges Funkeln in ihren Augen, wenn sie still dasaßen und sein verbotenes Tun beobachteten. Das ging nun wirklich nicht. Es gab nur eins: ich mußte mein Herz hartmachen – Oskars Krallen mußten beschnitten werden.

G steht für GÄRTNERN

Alle Katzen sind eifrige Gärtner, und in allen Gärten, die ich je gehabt habe, sehe ich ihre Schatten auf den Wegen. Es ist nicht zu leugnen, daß ein Garten ohne ihre Mithilfe oft leichter in Ordnung zu halten wäre. Wenn ich an Katzen und Gärten denke, fällt mir immer die liebevolle Widmung ein, die P. G. Wodehouse einem seiner Romane gab: «Meiner lieben Tochter Leonore, ohne deren gute Ratschläge und unentwegte Unterstützung dieses Buch in der Hälfte der Zeit fertig geworden wäre.»

Manchmal, das kann selbst der ernsthafteste Katzenfreund nicht bestreiten, ist Pussys gärtnerische Betätigung eher eine Behinderung als eine Hilfe. Zum Beispiel, nachdem man gerade Samen ins Freiland ausgesät hat, ist es ziemlich entmutigend, wenn man aus dem Fenster blickt und sehen muß, daß Pussy genau diesen Platz als ihre Toilette benutzt. Ein hübsches neues Saatbeet ist für Pussy prompt eine Mahnung, daß es an der Zeit ist, sich die Hände zu waschen oder die Nase zu pudern; es ist beinahe so, als hätte man ein auffallendes Schildchen mit dem Wort «Toilette» in die lockere Erde gesteckt...

Doch abgesehen davon, sind alle meine Erinnerungen an Katzen und Gärten von reinem Glück erfüllt. Ich sehe vor mir, wie die blauen Augen von «Eins» das Blau der großen Blütenbüschel der Anchusa widerspiegeln, unter denen er sich gern an heißen Sommernachmittagen wohlig dehnt. Ich schlendere, vielleicht schon zum zwanzigsten Mal am Tag, zur Staudenrabatte, wo mir die Anchusa leicht zerzaust vorkommt, gehe auf leisen Sohlen weiter über den trockenen Boden und finde ihn dort in dem kühlen grünen Schatten, der mit dem wundersamen Blau der Blumen besternt ist. Ich spreche ihn an, und die schläfrigen Augen öffnen sich, und zweierlei Blau schmilzt ineinander – und ich fühle, dies ist eine jener Stunden des Friedens und der Schönheit, die ein Ausgleich sind für alle Kämpfe und alles Herzeleid des Lebens.

O steht für O diese Vorurteile...!

Für mich steht dieses O als Protest gegen die Gefühllosigkeit und den Stumpfsinn der Nicht-Katzenfreunde-Welt.

Eine der üblichen abfälligen Bemerkungen über die Katze geht dahin, daß sie der Liebling alter Jungfern sei. Warum das – selbst wenn es wahr wäre – als Schande für Pussy anzusehen ist, kann ich einfach nicht begreifen. Ich muß erst noch lernen, daß in Alter oder Einsamkeit etwas Unehrenhaftes liegt. Und ich betrachte es als Unverschämtheit, ja sogar Grausamkeit, von vornherein anzunehmen, daß eine Frau nur deshalb nicht geheiratet hat, weil sich ihr nicht die Möglichkeit dazu bot. Es gibt unzählige Gründe, weshalb eine Frau es vorziehen mag, nicht zu heiraten; aber wenn sie eine echte Frau ist, wird sie sie für sich behalten. Wofür eine verständnislose Umwelt sie dann mit der höhnischen Bezeichnung «Alte Jungfer» bedenkt.

Wenn nun die Katze zufällig das Lieblingstier alter Jungfern ist, so sehe ich darin nur den Beweis für ein ausnehmend sicheres Gefühl auf beiden Seiten. Das Leben einer alternden unverheirateten Frau bedarf ruhiger Freundschaft und gleichmäßiger Zuneigung; es bedarf vor allem der Gesellschaft eines Geschöpfes, dem das Heim selbst – die Wände und Fenster, der Kaminplatz und die

Möbel – wichtig und kostbar ist, ganz abgesehen von den Menschen, die darin wohnen.

Ich finde immer wieder, daß Katzen ausgesprochen stolz auf «ihr» Zuhause sind. Manchmal, wenn ich einen Besuch in einem Hause mache, in dem eine Katze residiert, fühle ich, während ich mich gerade auf einen bestimmten Stuhl setzen will, wie Pussy mir einen strengen Blick zuwirft, als ob sie sagen wollte: «Ach bitte vorsichtig mit diesem Stuhl – das ist ein Hepplewhite, und die Beine sind etwas wacklig!» Und wenn das Haus einer der verachteten «alten Jungfern» gehört, fühle ich, daß die Katze im ganzen Haus gegenwärtig ist und selbst an seiner Einrichtung teilgehabt hat.

Ein altes Haus, alte Möbel, alte Bilder und alter Zierat, schwacher Lavendelduft aus einer Schale und eine alte Jungfer, die vor dem Kamin sitzt, eine Katze auf dem Schoß – welch ein vollendetes Bild als Zielscheibe für den Spott der Welt! Wie komisch, wie ulkig! Werfen wir doch einen Stein ins Fenster!

Aber in Wirklichkeit hat das Alte-Jungfern-Märchen natürlich keine Berechtigung. Die Angehörigen der British Navy hält man ja wohl nicht gerade für altjüngferlich, vor allem nicht die Mannschaften, und doch haben die Matrosen, solange die Navy die Meere befährt, immer darauf bestanden, daß Katzen mitkämen, und haben sie mit bemerkenswerter Liebe überschüttet, die sogar so weit ging, daß sie ihr Leben für sie einsetzten.

Allein diese Liebe der Matrosen sollte ausreichen, das Märchen, daß die Katze nur der Liebling alter Jungfern sei, zu widerlegen; aber die Geschichte ist noch reich an Beispielen von so manchem anderen mutigen Mann, dessen Herz sich bei einem Schnurren erwärmte und bei einem Miauen hinschmolz. Abraham Lincoln gilt im allgemeinen nicht gerade als zimperlicher Typ, und doch nahm er sich in einem der kritischsten Augenblicke des Bürgerkrieges die Zeit, drei verlassene Kätzchen vor dem Hungertod zu bewahren. Der Vorfall ereignete sich in General Grants Lager. Lincoln fand sie zufällig in einem verlassenen Zelt. Es war in einer entscheidenden Phase des Krieges, sein Herz muß schwer gewesen sein von drückenden Sorgen, und doch nahm Lincoln die Kätzchen hoch, barg sie unter seinem Mantel und behielt sie so lange, bis er eine gute Obhut für sie gefunden hatte.

Aber wozu noch mehr der Beispiele von Pussys berühmten Freunden? Schließlich steht O für O diese Vorurteile gegenüber alten Jungfern. Und selbst wenn Katzen einzig für sie erschaffen worden wären – ihre Rolle wäre schon wichtig genug. Den Einsamen Trost, den Alternden Heiterkeit bringen, jedem einzelnen Tag von neuem Abwechslung geben und dem ganzen Leben einen sanften, schnurrenden Rhythmus verleihen – könnte man mit Recht noch mehr verlangen?

VICTOR VON SCHEFFEL

Das Lied vom Kater Hiddigeigei

Wenn im Tal und auf den Bergen
Mitternächtig heult der Sturm,
Klettert über First und Schornstein
Hiddigeigei auf zum Turm.

Einem Geist gleich steht er oben,
Schöner, als er jemals war.
Feuer sprühen seine Augen,
Feuer sein gesträubtes Haar.

Und er singt in wilden Weisen,
Singt ein altes Katerschlachtlied,
Das wie fern Gewitterrollen
Durch die sturmdurchbrauste Nacht zieht.

Nimmer hören ihn die Menschen,
Jeder schläft in seinem Haus,
Aber tief im Kellerloche
Hört erblassend ihn die Maus.

Und sie kennt des Alten Stimme
Und sie zittert, und sie weiß:
Fürchterlich in seinem Grimme
Ist der Katerheldengreis.

O die Menschen tun uns unrecht,
Und den Dank such' ich vergebens,
Sie verkennen ganz die feinern
Saiten unsres Katzenlebens.

Und wenn einer schwer und schwankend
Niederfällt in seiner Kammer
Und ihn morgens Kopfweh quälet,
Nennt er's einen Katzenjammer.

Katzenjammer, o Injurie!
Wir miauen zart im stillen,
Nur die Menschen hör' ich oftmals
Graunhaft durch die Straßen brüllen.

Ja sie tun uns bitter unrecht,
Und was weiß ihr rohes Herze
Von dem wahren, tiefen, schweren,
Ungeheuren Katzenschmerze?

Hiddigeigei hält durch strengen
Wandel rein sich das Gewissen,
Doch er drückt ein Auge zu, wenn
Sich die Nebenkatzen küssen.

Hiddigeigei lebt mit Eifer
Dem Beruf der Mäusetötung,
Doch er zürnt nicht, wenn ein andrer
Sich vergnügt an Sang und Flötung.

Hiddigeigei, spricht, der Alte:
Pflück die Früchte, eh' sie platzen;
Wenn die magern Jahre kommen,
Saug an der Erinnrung Tatzen!

Der Kater und der Sperling

Es flog ein Sperling auf die Düngerstätte eines Bauern. Da kam der Kater, erwischte den Sperling, trug ihn fort und wollte ihn verspeisen. Der Sperling aber sagte:

«Kein Herr hält sein Frühstück, wenn er sich nicht vorher den Mund gewaschen hat.»

Mein Kater nimmt sich das zu Herzen, setzt den Sperling auf die Erde hin und fängt an, sich mit der Pfote den Mund zu waschen – da flog ihm der Sperling davon. Das ärgerte den Kater ungemein, und er sagte:

«Solange ich lebe, werde ich immer zuerst mein Frühstück halten und dann den Mund waschen.»

Und so macht er es denn bis auf diese Stunde.

OSKAR MAURUS FONTANA

Tausendschwänzige Nemesis

Das Motorboot meines Freundes, des Arztes Miguel Cueto, wand sich schnell zwischen den überraschend vielen Booten und Schiffen hindurch und zog ebenso hurtig die zahlreichen Krümmungen des rotschimmernden Guadalquivirs nach. Leicht hätten wir noch am selben Tage Cadiz erreichen können. Dennoch ankerten wir zwischen Sevilla und dem Meer, weil in Ninguna mir mein Freund sein Landhaus zeigen wollte, in das er flüchtete, wenn er von den Promenaden am Meer oder von seinen Patienten genug hatte.

Am Abend schlenderten wir etwas ins Dorf hinein, wobei Miguel sehr eifrig war, mich auf Schönheiten oder Merkwürdigkeiten aufmerksam zu machen. Aber es gab beim besten Willen nicht viel zu zeigen oder zu sehen, was nicht jedes andalusische Dorf zu bieten hat. Doch der Abend war sehr schön und mild, ein silbernes Geschenk nach der Glut des Tages. So schlenderten wir weiter. Am Rande des Dorfes, dort wo die Ebene wieder von den Häusern fortritt wie ein wildes Pferd, gewahrte ich eine zerfallene Bauernhütte. Oder war es ehemals ein Haus gewesen? Einige Katzen strichen umher, verschwanden im Gemäuer. Aber in

Spanien gibt es so viele Katzen, lebende und tote, daß mich das nicht weiter bekümmerte. Miguel aber blieb stehen und fragte lächelnd: «Fällt dir nichts auf?» Ich verneinte. «Dann komm mit mir ein wenig ins Haus», lächelte er wiederum.

Ich trat hinter ihm in den verfallenen Flur. Und da, nach ein paar Schritten, mitten in dem mondbestrahlten Geviert der Mauern – denn das Dach war eingestürzt –, wimmelte es mir plötzlich entgegen: Katzen, Hunderte von Katzen, eingenistet in dem toten Haus. Dieses wogende Meer von Katzenleibern war geheimnisvoll und in der Plötzlichkeit seiner Schau erschreckend. Ehe ich noch fragen konnte, begann Miguel, daß auch für Andalusien, das schon an afrikanische Maßstäbe gewohnt wäre, dieser Anblick bemerkenswert sei und daß deshalb die ganze Gegend die Ruine nur «das Haus der Katzen» nenne und ihm mit einer Art religiöser Scheu begegne. Übrigens trage das Haus diesen Namen noch gar nicht lange, er selber habe noch seinen Besitzer gekannt.

Der letzte Besitzer des Hauses hieß Ignacio. Als Ignacio jung gewesen war, so an zwanzig Jahre, war er von Ninguna nach Cadiz gegangen, um etwas anderes als ein Eseltreiber, Viehhirt oder Arbeiter in den Salinen am Guadalquivir zu werden. Er hatte Glück. Zumindest kehrte er nicht wieder. Was er eigentlich in Cadiz getrieben, ist nicht ganz klar, und er hat es nie gesagt. Es ist nicht ganz unmöglich, daß er in der Stadt der simple, etwas mürrische, schweigende und sehr verschämte Bursche geblieben, als der er das Dorf verlassen. Und daß man in sein Kerbholz auch das Zeichen der Unzucht schrieb, daran mag «der Vorfall» schuld sein, der ihn für eine Zeitlang zu einem Gespräch der Dörfler machte, ihm das Stadtleben verleidete und sich schließlich zu einer unglückshaften Vereinsamung auswuchs, so wie ein böses Geschwür, das heimlich wächst und schließlich den ganzen Menschen zu seinem Opfer, zu seiner Speise macht.

Den «Vorfall», so polizeimäßig und niemals anders, aber immer mit ingrimmig zusammengebissenen Zähnen, nannte Ignacio selbst in all den Jahren nachher, was sich an einem schönen, kühlen, winddurchsträhnten Frühlingsabend nach einem sehr heißen, fast gewitterigen Tag in der Stadt angesponnen. Es war so gewesen, daß in der Dämmerung, im Aufscheinen der ersten Sterne im noch blauenden Himmel, Ignacio mit seiner schwarzhaarigen Liebe, ihrer üppigen Freundin und deren gelegentlichem Freund, einem reichen Viehhändler, in eine Weinschenke gekommen war. Sie alle waren nicht mehr ganz sicher, aber bester Laune, so wie man es nur sein kann, wenn man sehr jung ist und eine Frühlingsnacht alle ihre Lichter ansteckt wie eine Frau, die Blumen in ihr Haar gibt. Sie waren sehr lustig, sie waren in einem Wagen über Land gefahren, sie waren oft eingekehrt. Nun dampfte der Wein schon etwas in den Hirnen, die Leiber drängten tierhaft zusammen, die Stimmen waren laut, wollten singen, schrien aber nur. Die Schenke, die sich erst gegen Mitternacht zu füllen pflegte, war leer. Der einzige Gast außer den beiden Pärchen war ein weißes Kätzchen, das zuweilen aus irgendeiner Ecke der räucherigen und nicht sehr sauberen Wirtschaft hervorfegte und nach vielen possierlichen Sprüngen wieder verschwand. Darüber lachten die Frauen sehr. Auch der Viehhändler. Nur Ignacio blieb stumpf, wahrscheinlich war er sogar ein wenig eingenickt. Der Reiche stieß ihn mit dem Schuh gegen das Schienbein und befahl dem vor Schmerz Auffahrenden: «Lach auch du! Wer lacht, ist gut. Auch Geld macht gut, ich habe Geld, ich lache, ich bin ein guter Kerl. Du hast nichts, du lachst nicht, du bist ein böser Mensch.» Die Frauen grölten über diesen Spruch, mit dem der Viehhändler im Ton eines Kanzelpredigers drohte. Es gab eine Gelegenheit, noch mehr zu trinken. Etwas später rief der Viehhändler nach der Rechnung. Da er die Gesellschaft in ein Lokal mit Musik führen wollte, nahm er aus seiner dicken Brieftasche eine Note im Wert von tausend Pesetas in die schon zittrige Linke und bot mit der Rechten Ignacio zur Versöhnung, wenn er etwa durch ihn beleidigt worden sein sollte, Zigaretten an. Ignacio griff mit einer Verbeugung zu, und gerade das, was doch in einer solchen Wirtshausstunde selbstverständlich war, geriet zu seinem Unglück. Denn als die Kellnerin kam, war der Tausender nicht mehr in der Linken des Viehhändlers. Zu Boden gefallen? Nicht zu finden. «Die Katze», schrie Ignacio, vielleicht etwas zu schnell, weil es nun aussah, als wolle er den Verdacht von sich ablenken. «Nein du», brüllte der Viehhändler, nüchtern geworden, mit dicken Zornadern an der Stirn, schlug auf den Tisch in Wut, sofort duckten sich die Frauen vor ihm, dem Reichen; er rief nach der Polizei und ließ Ignacio als Dieb verhaften.

Der Tausender wurde nicht bei ihm gefunden. Übrigens auch nicht bei den Frauen. Er beteuerte, schwur, gesehen zu haben, wie das Kätzchen aus dem Winkel mit einem Husch hergefegt sei, ein Papier ergriffen, es gezaust und hinter den Ofen geschleppt habe. Das Papier müsse der Tausender gewesen sein. Doch war der Geldschein auch hinter dem Ofen nicht. Dort allerdings konnte ihn jemand gefunden und zu sich genommen haben. Die Frauen sagten zögernd aus, rückten von Ignacio sichtlich ab, beschuldigten ihn zwar nicht, aber widersprachen auch dem reichen Viehhändler nicht offen und kraftvoll. Und daß auch die schwarzhaarige Liebe so mit Ignacio tat, das war ein großer Schmerz, mehr als das Verhängnis des Verdachts, in den er geraten war. Es kam zur Verhandlung. Ignacio wurde freigesprochen «aus Mangel an Beweisen».

Die Geschichte mit dem Kätzchen glaubte ihm niemand, nicht einmal der Verteidiger. Der sagte: «Sie haben Glück gehabt.» – «Nein, Unglück», entgegnete Ignacio und verließ die Stadt. Zuvor hatte die schwarzhaarige Schlanke mit dem kußfrohen Mund ihn aufgesucht – mit dem Freigesprochenen ließ sich ja wieder schäkern. Sie sprach, als wäre nichts geschehen, und drängte sich an ihn. Ignacio aber hielt sie mit den Armen von sich, sah sie lange aus Augen, die nicht sahen, an, flüsterte mit trockenen Lippen: «Dios sobre todo!» – womit wir Spanier ausdrücken wollen: «Gott, der Herr über allen, wird es schon vollenden» –, schob sie noch weiter von sich, sagte nun laut: «Dios sobre todo!» und schrie mit einemmal, sich mit den gespreizten Fingern in ihren schönen Nacken krallend: «Dios sobre todo!» Die Schwarzhaarige erschrak und entlief ihm.

Am nächsten Morgen schon ging er durch die lange Palmenallee, die von der Eisenbahnstation nach Ninguna führte, langsam, ein wenig schwankend wie ein Betrunkener, betrat so seiner Mutter Haus, grüßte kurz, die Hand am Mützenrand, als sei er von einer kleinen Wanderung heimgekehrt, setzte sich schweigend auf die Bank neben dem Fenster, stützte den Kopf auf und sah vor sich hin. So saß er auch, als die Nacht kam. Er legte sich nicht schlafen. Er blieb sitzen, die Hände aufgestützt. Die Mutter bat ihn noch von ihrem Lager aus, zur Ruhe zu gehen. Er antwortete nicht. Die Mutter rief nach ihm, bis sie ermüdet einschlief. Am Morgen saß er noch immer so da. Die Mutter, die keine Worte mehr wußte, fuhr mit der Hand über seine Stirn. Er stand auf, neigte sich groß vor der Mutter. Dann ging er zu den Salinen und verdingte sich als Taglöhner, als hätte er nie aufgehört, in den Salzgärten zu arbeiten, als hätte er es nie anders gewollt.

Solange die Mutter lebte, war nichts Sonderbares an ihm zu merken, höchstens, daß er den Menschen immer fremder wurde. Doch ihn, der bald Katzentöter gerufen werden sollte, ließ die graublaue Katze im Haus gleichgültig. Er sah nicht auf sie, dagegen fütterte er die zahlreichen Tauben, die in einem Schlag des Hofes wohnten, lockte sie, bis sie die Körner aus seiner Hand fraßen, ruhig auf seinen ausgestreckten Fingern sitzend und sich anklammernd.

Nun starb wenige Jahre, nachdem er heimgekehrt, die Mutter nach kurzer Krankheit. Er begrub sie, kehrte heim, und noch am selben Abend verstieß er die alte graublaue Katze. Sie versuchte es, die ganze Nacht über und auch am nächsten Tag, wieder in das Haus zu kommen. Einmal gelang es ihr, als Ignacio in den Salinen arbeitete. Doch kaum hatte er sie gesehen, jagte er sie mit

Wut, warf ihr Steine nach und scheuchte sie so lange, bis sie in den Feldern verschwunden war.

Am nächsten Morgen lagen sämtliche Tauben des Schlags mit zerbissener Kehle im Hof. Ignacio schrie angesichts des grausigen Fundes laut auf. Nachbarn kamen herbei. Welches Tier in dem Taubenschlag hochgeklettert sei, die Vögel zerbissen und dann achtlos fallengelassen haben könne? Ein Marder? Nein. Der hätte das Blut seiner Opfer gesogen oder zumindest eines mit sich geschleppt. Alle Tauben waren da. Ignacio zählte sie, erkannte sie. Keine fehlte. Da bemerkte der hinkende Philipp im Schnabel der einen Taube einige Haare. Sie mochte sich gewehrt und den mörderischen Eindringling angegangen und gezaust haben. Man besah sich die Haare. Katzenhaare, graublau. Ignacio verstand zuerst nicht, stierte auf die Haare, die ihm die Nachbarn wiesen. Dann schrie er mit einem Male: «Die Katze. Der Mutter Katze. Sie hat die Tauben, meine Tauben zerbissen.» Er sah sie vor sich, wie sie oft schnurrend am Fenster gesessen, wenn er die Vögel gelockt, gestreichelt und genährt hatte. Plötzlich war die Tat klar: Die Katze, die von ihm aus dem Haus getriebene Katze hatte sich an ihm gerächt, hatte durch den Mord seiner Lieblinge sein Herz treffen wollen.

Seit diesem Tag begann Ignacio die Katzen zu töten.

Aber nicht mieden die Katzen sein Haus. Nein, es war, als hätten sie den Kampf, den er gegen ihr Dasein begonnen, angenommen. Immer mehr Katzen strichen um das Haus, es war, als ob sie ihn belagert hätten. Nachts heulten sie, schrien sie durchdringend. Oft trat er mit einer Laterne aus der Tür. Da waren sie verschwunden, nur fern in den Feldern wimmerte es noch. Kaum war er wieder im Haus, ging das Schleifen und Kratzen, Rufen und Wispern an. Sie wichen nicht, so viele Fallen auch Ignacio aufstellen mochte. Sie lernten sie vermeiden. Die Kameraden, die gefangen und getötet wurden, schienen ihnen notwendige Opfer zu sein. Besonders in den Zeiten der Brunst war das Geheul um das Haus grauenhaft und endlos. Als ob der Hinrichtungsplatz, zu dem der Hof geworden war, der Liebe besonderen Reiz gäbe, war es. Von weither kamen alle Katzen hierher. Sie schrien wie weggelegte Kinder, durchdringend, hell, dünn, langhin. Plötzlich gellte der gräßliche, markerschütternde Schrei, wenn der Kater sie ansprang. Dazu heulten die anderen Katzen so furchtbar, als sterbe jede zehntausend Tode. Diese gespenstische Musik des Untergangs Stunde für Stunde anzuhören, ging sicher über Menschenkraft.

Viele Generationen von Katzen müssen diesen Krieg – denn so war das, was sich um Ignacios Haus begab – als Erbe übernommen haben. Die

Erbitterung minderte sich nicht. Der Haß legte sich nicht. Ignacio war in seinem Hause eingeschlossen, als sei er von einer Folter umklammert, die ein grausamer Wahnsinniger ersonnen. Aber er ließ nicht den Hof, er verteidigte sich mit Mord immer neuer Katzen, die immer neu um ihn emporwuchsen. Er wurde rascher alt, als es der von ihm gelebten Spanne entsprach. Der Kampf, von dem er nicht mehr lassen konnte, weil er ihn nicht mehr ließ, muß ihn furchtbar verbraucht haben. Schließlich glaubte er, im Haus seien Katzen, überall, in den Stuben, auf dem Dachboden, auf der Stiege. Es knarre, es wispere, es laufe. Hinter ihm sei es, laure. Er drehe sich um, er sehe nur noch einen verhuschenden Schatten.

Eines Nachts stürzte er schreiend aus dem Haus, in den Augen namenloses Grauen. Lange konnte er nicht sprechen. Dann stammelte er abgerissene Sätze. Ihnen entnahm man mit Mühe, vom Dachboden oder vom Kasten oder vom Gebälk habe eine Katze ihn angesprungen und sich in seinen Nacken verbeißen wollen. Er hatte gerade eine Truhe geöffnet und sich in sie gebückt, so daß er fast wehrlos gewesen sei. Mit letzter Kraft habe er sich hochgeworfen, die Hände nach hinten geschleudert, die Katze umklammert und von seinem Halse gerissen. Sowenig er sich genau erinnern konnte, wie alles gekommen, sowenig konnte er sich entsinnen, wie die Katze verschwunden.

Plötzlich war sie nicht mehr da. Plötzlich stand er schreiend vor seinem Haus. Ob Wirklichkeit oder Phantasie ihn ängstigte und jagte, war bei diesem verstörten, mit den Zähnen wie im Frost klappernden Menschenwesen nicht zu entscheiden. Man konnte ihn nicht anfassen, um etwa nach seinen Wunden zu sehen, gleich schrie er und fing an zu fliehen. Solcher Schreck fieberte in ihm. Immer wieder kam in seinen wirren Reden ein klarer Satz. Er sprach ihn so, wie er früher gleich allen Spaniern «Dios sobre todo» gesagt hatte. Doch jetzt hieß es: «Die Katze über allem», und er meinte damit: sie wird es vollenden, ein neuer Gott. Die braven Dörfler verstanden ihn, erschraken und bekreuzigten sich. Er weigerte sich, in sein Haus zurückzugehen. Er schlief beim Nachbar. Am nächsten Tag hob er sein Erspartes ab, verließ das Dorf und wanderte nach Ekuador aus. Man hat nie wieder was von ihm gehört.

Die Katzen aber ließen nicht das Haus. Im Gegenteil, jetzt stürzten sie sich erst recht über das Haus, jetzt rissen sie die Stätte des Menschen erst recht an sich. Jetzt war es, als wollten sie den Triumph eines Sieges über den Menschen in einem verborgenen Ritual feiern und genießen, diesen Triumph, auf den das Tier immer wartet, weil der Mensch ihm einmal in Urzeiten unterlegen war und sich die Herrenmacht erschlichen hat. Die Katzen hatten gesiegt. Das war mehr als ein einmaliger Vorteil. Das Tier war stärker gewesen. Der Mensch war geflohen. Und keiner traute sich mehr an das Haus. Die weisen Tiere wußten, was geschehen war. Keinen Augenblick zweifle ich daran. Sieh sie dir nur einmal an.

Wir waren wieder in das zerfallene Haus getreten und sahen im Mondlicht auf den funkelnden Ozean von Katzenleibern und Katzenaugen, die uns in schweigender Verachtung nicht zur Kenntnis nahmen.

Miguel wies, sich niederbeugend, auf ihr unübersehbares Fluten: «Sieh dir diese Schönheit an, in der immer ein Geheimnis ist – dieses Ebenmaß, an das wir nicht mehr heranreichen –, diese Wärme, die aus einer großen Kälte zu kommen scheint. Sie haben recht, die Völker, die an den Anfang und das Ende der Welten eine Katze stellen. Sieh sie dir an. Welche aufschnellende Kraft... Welche Verborgenheit des Wesens...»

Was von einer Katze geboren ist,
wird Mäuse fangen.

E. T. A. HOFFMANN

Kater Murr geht unter die Literaten

Nichts zog mich in des Meisters Zimmer mehr an als der mit Büchern, Schriften und allerlei seltsamen Instrumenten bepackte Schreibtisch. Ich kann sagen, daß dieser Tisch ein Zauberkreis war, in den ich mich gebannt fühlte, und doch empfand ich eine gewisse heilige Scheu, die mich abhielt, meinem Triebe ganz mich hinzugeben. Endlich eines Tages, als eben der Meister abwesend war, überwand ich meine Furcht und sprang herauf auf den Tisch. Welche Wollust, als ich nun mitten unter den Schriften und Büchern saß und darin wühlte. Nicht Mutwille, nein, nur Begier, wissenschaftlicher Heißhunger war es, daß ich mit den Pfoten ein Manuskript erfaßte und so lange hin- und herzauste, bis es, in kleine Stücke zerrissen, vor mir lag. Der Meister trat hinein, sah, was geschehen, stürzte mit dem kränkenden Ausruf: «Bestie, vermaledeite!» auf mich los und prügelte mich mit dem Birkenreis so derb ab, daß ich mich, winselnd vor Schmerz, unter dem Ofen verkroch und den ganzen Tag über durch kein freundliches Wort wieder hervorzulocken war. Wen hätte dies Ereignis nicht abgeschreckt auf immer, selbst die Bahn zu verfolgen, die ihm die Natur vorgezeichnet! Aber kaum hatte ich mich ganz erholt von meinen Schmerzen, als ich, meinem unwiderstehlichen Drange folgend, wieder auf den Schreibtisch sprang. Freilich war ein einziger Ruf meines Meisters, ein abgebrochner Satz wie z. B. «Will er!» hinlänglich, mich wieder herabzujagen, so daß es nicht zum Studieren kam; indessen wartete ich ruhig auf einen günstigen Moment, meine Studien anzufangen, und dieser trat denn auch bald ein. Der Meister rüstete sich eines Tages zum Ausgehen, alsbald versteckte ich mich so gut im Zimmer, daß er mich nicht fand, als er, eingedenk des zerrissenen Manuskripts, mich herausjagen wollte. Kaum war der Meister fort, so sprang ich mit einem Satz auf den Schreibtisch und legte mich mitten hinein in die Schriften, welches mir ein unbeschreibliches Wohlgefallen verursachte. Geschickt schlug ich mit der Pfote ein ziemlich dickes Buch auf, welches vor mir lag, und versuchte, ob es mir nicht möglich sein würde, die Schriftzeichen darin zu verstehen. Das gelang mit zwar anfangs ganz und gar nicht, ich ließ aber gar nicht ab, sondern starrte hinein in das Buch, erwartend, daß ein ganz besonderer Geist über mich kommen und mir das Lesen lehren werde. So vertieft, überraschte mich der Meister. Mit einem lauten: «Seht die verfluchte Bestie!» sprang er auf mich zu. Es war zu spät, mich zu retten, ich kniff die Ohren an, ich duckte mich nieder, so gut es gehen wollte, ich fühlte schon die Rute auf meinem Rücken. Aber die Hand schon aufgehoben, hielt der Meister plötzlich inne, schlug eine helle Lache auf und rief: «Kater – Kater, du liesest? Ja, das kann, das will ich dir nicht verwehren. Nun sieh – sieh –, was für ein Bildungstrieb dir inwohnt.» – Er zog mir das Buch unter den Pfoten weg, schaute hinein und lachte noch unmäßiger als vorher. «Das muß ich sagen», sprach er dann, «ich glaube gar, du hast dir eine kleine Handbibliothek angeschafft, denn ich wüßte sonst gar nicht, wie das Buch auf meinen Schreibtisch kommen sollte? – Nun, lies nur – studiere fleißig, mein Kater, allenfalls magst du auch die wichtigen Stellen im Buche durch sanfte Einrisse bezeichnen, ich stelle dir das frei!» – Damit schob er mir das Buch aufgeschlagen wieder hin. Es war, wie ich später erfuhr, Knigge «über den Umgang mit Menschen», und ich habe aus diesem herrlichen Buch viel Lebensweisheit geschöpft. Es ist so recht aus meiner Seele geschrieben und paßt überhaupt für Kater, die in der menschlichen Gesellschaft etwas gelten wollen, ganz ungemein. Diese Tendenz des Buchs ist, soviel ich weiß, bisher übersehen und daher zuweilen das falsche Urteil gefällt worden, daß der Mensch, der sich ganz genau an die im Buch aufgestellten Regeln halten wollte, notwendig überall als ein steifer herzloser Pedant auftreten müsse.

Seit dieser Zeit litt mich der Meister nicht allein

auf dem Schreibtisch, sondern er sah es sogar gern, wenn ich, arbeitete er selbst, heraufsprang und mich vor ihm unter die Schriften hinlagerte.

Meister Abraham hatte die Gewohnheit, oftmals viel hintereinander laut zu lesen. Ich unterließ dann nicht, mich so zu postieren, daß ich ihm ins Buch sehen konnte, welches bei den scharfblickenden Augen, die mir die Natur verliehen, möglich war, ohne ihm beschwerlich zu fallen. Dadurch, daß ich die Schriftzeichen mit den Worten verglich, die er aussprach, lernte ich in kurzer Zeit lesen, und wem dies etwa unglaublich vorkommen möchte, hat keinen Begriff von dem ganz besonderen Ingenium, womit mich die Natur ausgestattet. Genies, die mich verstehen und mich würdigen, werden keinen Zweifel hegen rücksichts einer Art Ausbildung, die vielleicht der ihrigen gleich ist. Dabei darf ich auch nicht unterlassen, die merkwürdige Beobachtung mitzuteilen, die ich rücksichts des vollkommenen Verstehens der menschlichen Sprache gemacht. Ich habe nämlich mit vollem Bewußtsein beobachtet, daß ich gar nicht weiß, wie ich zu diesem Verstehen gekommen bin. Bei den Menschen soll dies auch der Fall sein, das nimmt mich aber gar nicht wunder, da dies Geschlecht in den Jahren der Kindheit beträchtlich dümmer und unbeholfener ist als wir. Als ein ganz kleines Käterchen ist es mir niemals geschehen, daß ich mir selbst in die Augen gegriffen, ins Feuer oder ins Licht gefaßt oder Stiefelwichse statt Kirschmus gefressen, wie das wohl bei kleinen Kindern zu geschehen pflegt.

Wie ich nun fertig las und ich mich täglich mehr mit fremden Gedanken vollstopfte, fühlte ich den unwiderstehlichsten Drang, auch meine eigenen Gedanken, wie sie der mir inwohnende Genius gebar, der Vergessenheit zu entreißen, und dazu gehörte nun allerdings die freilich sehr schwere Kunst des Schreibens. So aufmerksam ich auch meines Meisters Hand, wenn er schrieb, beobachten mochte, durchaus wollte es mir doch nicht gelingen, ihm die eigentliche Mechanik abzulauern. Ich studierte den alten Hilmar Curas, das einzige Schreibevorschriftsbuch, welches mein Meister besaß, und wäre beinahe auf den Gedanken geraten, daß die rätselhafte Schwierigkeit des Schreibens nur durch die große Manschette gehoben werden könne, welche die darin abgebildete schreibende Hand trägt, und daß es nur besonders erlangte Fertigkeit sei, wenn mein Meister ohne Manschette schriebe, so wie der geübte Seiltänzer zuletzt nicht mehr der Balancierstange bedarf. Ich trachtete begierig nach Manschetten und war im Begriff, die Dormeuse der alten Haushälterin für meine rechte Pfote zuzureißen und zu aptieren, als mir plötzlich in einem Moment der Begeisterung, wie es bei Genies zu geschehen pflegt, der geniale Gedanke einkam, der alles löste. Ich vermutete nämlich, daß die Unmöglichkeit, die Feder, den Stift so zu halten wie mein Meister, wohl in dem verschiedenen Bau unserer Hände liegen könne, und diese Vermutung traf ein. Ich mußte eine andere, dem Bau meines rechten Pfötchens angemessene Schreibart erfinden und erfand sie wirklich, wie man wohl denken mag. – So entstehen aus der besonderen Organisation des Individuums neue Systeme.

Eine zweite böse Schwierigkeit fand ich in dem Eintunken der Feder in das Tintenfaß. Nicht glükken wollt' es mir nämlich, bei dem Eintunken das Pfötchen zu schonen, immer kam es mit hinein in die Tinte, und so konnte es nicht fehlen, daß die ersten Schriftzüge, mehr mit der Pfote als mit der Feder gezeichnet, etwas groß und breit gerieten. Unverständige mochten daher meine ersten Manuskripte beinahe nur für mit Tinte beflecktes Papier ansehen. Genies werden den genialen Kater in seinen ersten Werken leicht erraten und über die Tiefe, über die Fülle des Geistes, wie er zuerst aus unversiegbarer Quelle aussprudelte, erstaunen, ja ganz außer sich geraten. Damit die Welt sich dereinst aber nicht zanke über die Zeitfolge meiner unsterblichen Werke, will ich hier sagen, daß ich zuerst den philosophisch sentimental didaktischen Roman schrieb: «Gedanke und Ahnung oder Kater und Hund.» Schon dieses Werk hätte ungeheures Aufsehen machen können. Dann, in allen Sätteln gerecht, schrieb ich ein politisches Werk unter dem Titel: «Über Mausefallen und deren Einfluß auf Gesinnung und Tatkraft der Katzheit»; hierauf fühlt' ich mich begeistert zu der Tragödie: «Rattenkönig Kawdallor». Auch diese Tragödie hätte auf allen nur erdenklichen Theatern unzähligemal mit dem lärmendsten Beifall gegeben werden können. Den Reihen meiner sämtlichen Werke sollen diese Erzeugnisse meines hoch emporstrebenden Geistes eröffnen, über den Anlaß, sie zu schreiben, werde ich mich gehörigen Orts auslassen können.

Als ich die Feder besser zu halten gelernt, als das Pfötchen rein blieb von Tinte, wurde auch freilich mein Stil anmutiger, lieblicher, heller, ich legte mich ganz vorzüglich auf Musenalmanache, schrieb verschiedene freundliche Schriften und wurde übrigens sehr bald der liebenswürdige gemütliche Mann, der ich noch heute bin ...

Wenn Katze und Maus sich einigen,
hat der Bauer keine Chance.

WILHELM BUSCH

Hund und Katze

Miezel, eine schlaue Katze,
Molly, ein begabter Hund,
Wohnhaft an demselben Platze,
Haßten sich aus Herzensgrund.

Schon der Ausdruck ihrer Mienen,
Bei gesträubter Haarfrisur
Zeigt es deutlich: Zwischen ihnen
Ist von Liebe keine Spur.

Doch wenn Miezel in dem Baume
Wo sie meistens hin entwich,
Friedlich dasitzt wie im Traume,
Dann ist Molly außer sich.

Beide lebten in der Scheune,
Die gefüllt mit frischem Heu.
Alle beide hatten Kleine,
Molly zwei und Miezel drei.

Einst zur Jagd ging Miezel wieder
Auf das Feld. Da geht es bumm!
Der Herr Förster schoß sie nieder.
Ihre Lebenszeit ist um.

Oh, wie jämmerlich miauen
Die drei Kinderchen daheim.
Molly eilt, sie zu beschauen,
Und ihr Herz geht aus dem Leim.

Und sie trägt sie kurz entschlossen
Zu der eignen Lagerstatt,
Wo sie nunmehr fünf Genossen
An der Brust zu Gaste hat.

Mensch mit traurigem Gesichte,
Sprich nicht nur von Leid und Streit,
Selbst in Brehms Naturgeschichte
Findet sich Barmherzigkeit.

Eine Katze, die einen Kanarienvogel gefressen hat,
kann darum noch nicht singen.

Die Katze möcht' die Fische wohl,
mag aber die Füße nicht netzen.

MONICA EDWARDS

Vashti, die Jägerin

Über Vashti habe ich schon einmal berichtet, doch scheinen mir einige Züge ihres ungewöhnlichen Charakters noch eine Erwähnung zu lohnen. Außer ihr gab es in England meines Wissens keine zweite Jagdkatze; wie es damit in Siam steht, weiß ich nicht. Weder sie selbst noch ich hatte anfangs die Absicht, auf die Jagd zu gehen, nachdem wir auf diese alte Farm in Surrey gezogen waren. Ich hatte bis dahin in meinem ganzen Leben noch nie ein Tier getötet, das größer war als eine Wespe, noch hatte ich eine Flinte in der Hand gehabt. Wie die meisten Menschen, die sich mit den in England sehr häufigen Wildkaninchen nicht im Hinblick auf den von ihnen angerichteten Schaden auseinanderzusetzen brauchen, hatte ich sie bis dahin nur als allerliebste Tierchen betrachtet und war auf Spaziergängen oft stehen geblieben, um ihr possierliches Treiben zu beobachten. Beinahe wie jetzt, als ich sie reglos beobachtete, aber mit dem Unterschied, daß ich meine Flinte schußbereit hielt.

Wir entdeckten erst mit der Zeit, wie unendlich schwer es für einen Farmbesitzer ist, eine gute Ernte – besser gesagt: überhaupt eine Ernte – zu erzielen in einer Gegend, in der die Kaninchen überhandgenommen haben. Ich habe bei uns auf einem ganz kleinen Acker bis zu 30 Stück gezählt. Unter jeder Hecke hatten sie ihre Höhlen; auf den Feldern waren ihre unzähligen Löcher eine Gefahr für die Pferde, wenn wir ausritten. Shelleys goldbrauner Retriever brach sich die Schulter, als er mit seinem Bein bei einem Sprung in dichtem Heidekraut in ein Kaninchenloch geriet.

Als wir die jahrelang vernachlässigten Felder unserer Farm säuberten und pflügten, um sie einzusäen, kamen die Kaninchen zu Hunderten aus der Umgebung herbei, gesellten sich zu den ohnedies auf unserem Gebiet ansässigen und fraßen in den Nächten das junge Gras und das gerade sprießende Getreide. Ein Feld mußte umgepflügt und neu bestellt werden, nachdem die Kaninchen und die Trockenheit die erste Einsaat im Juni so gut wie vollständig vernichtet hatten. Das geschah in den Jahren, bevor sich die Myxomatose – eine tödlich verlaufende Viruskrankheit der Kaninchen – verbreitete.

Bill brachte eines Tages eine kleine Schrotflinte mit. Sie war sehr leicht, denn ihr Kolben war hohl und sie hatte nur einen Lauf. Sie ließ sich in der Mitte zusammenklappen, so daß ein Wilddieb sie gut in einer tiefen Tasche verbergen konnte. Auch war sie nicht laut und hatte keinen Rückschlag. Ich entschloß mich zu lernen, wie ich mit ihr umgehen mußte, um den Kaninchen zu Leibe zu rücken. Nachdem Bill mir in seiner kargen Freizeit die Anfangsgründe der Schießkunst beigebracht hatte, wollte ich mein Heil auf eigene Faust versuchen. Bei diesem Plan hatte ich nicht an Vashti gedacht; sie ging sehr gern spazieren und heftete sich stets an meine Fersen. Da sie mich bisher auf allen meinen Wegen und sogar häufig bei meinen Ausritten begleitet hatte, sah sie keinen Grund, zu Hause zu bleiben, als ich mich anschickte, auf die Jagd zu gehen. Ich versuchte in ihrem eigenen Interesse, ohne sie hinaus auf die Felder zu kommen, aber fast immer kam sie früher oder später hinter mir her, arbeitete sich in wütender Eile durch das Gras oder das Heidekraut und schrie laut, ich solle gefälligst stehenbleiben und auf sie warten. Sie konnte meiner Fährte folgen wie ein Spürhund.

An und für sich war sie eine ausgezeichnete Jägerin, die jeden Tag ein oder mehrere Kaninchen erlegte. Oft waren sie so groß wie sie selber. Niemand von uns hatte sie je beim Töten beobachtet. Wir vermuteten, daß sie sich vor einem Kaninchenbau auf die Lauer legte und sich auf den ersten Bewohner stürzte, der herauskam. Eines Tages sah ich sie jedoch querfeldein hinter einem Kaninchen her rennen. Wie ein Cheetah, ein Jagdleopard, erjagte sie ihre Beute im Lauf. Niemals – weder vorher noch nachher – habe ich eine Katze das tun sehen.

Vashti war zunächst eine viel tüchtigere Jägerin als ich mit meiner kleinen Flinte, aber ich sah nicht ein, warum ich, Neuling, der ich war, deshalb meine Anstrengungen aufgeben sollte. Da es einfach unmöglich schien, ihr heimlich zu entwischen, blieb mir nichts übrig, als darüber nachzusinnen, wie ich sie dazu bringen konnte, mir zu helfen. Unser Retriever Glen war der Hartballenstaupe erlegen, während er seine gebrochene Schulter noch verbunden trug, denn damals steckte die Staupenbehandlung noch in ihren Anfängen. Ich brauchte somit dringend einen Gehilfen, um so mehr, als unser Land noch wild und dicht bewachsen war und dadurch einem angeschossenen Kaninchen reichlich Gelegenheit bot, sich zu verstecken. Ein guter Schütze war ich zunächst nicht; deshalb konnten meine Kaninchen meistens noch ins nächste Dickicht entkommen, bevor sie verendeten. Das Dickicht bestand aus Stechginster und Brombeersträuchern, und ich mußte hineinkriechen, um das angeschossene Tier zu finden und schnell zu erlösen. Das sollte nun Vashti für mich besorgen. Wenn sie es nicht lernte, mußte ich sie zu Hause im Badezimmer einschließen; das war der einzige Ort, aus dem sie nicht entkommen konnte.

Vashti ging jedoch mit Begeisterung auf meine Abrichteversuche ein. Obwohl sie zweifellos neurotisch war, erwies sie sich als dreist, ja kühn und auf Abenteuer erpicht. Es war geradezu rührend zu sehen, wie die kleine Katze sich willig in jede Unternehmung stürzte, wenn nur ihr Frauchen, das sie anbetete, dabei war.

Meine Befürchtung, daß der Knall des Schusses sie ängstigen würde, war unbegründet. Von Anfang an konnte ich dicht über sie wegschießen, ohne daß sie mit mehr als nur einem leichten Zukken der Ohren darauf reagiert hätte. Sie schien angenehm erregt und entzückt davon. So war es nicht nötig, sie erst an das Schießen zu gewöhnen, aber es kostete mich vierzehn Tage Geduld und Ausdauer, um sie zu lehren, sich draußen selbst still zu verhalten. Im Hause war sie eine erstaunlich ruhige Katze; sie antwortete nur – wie die meisten Siamesen und Burmesen –, wenn sie angeredet wurde. Doch wenn ich draußen war und die Flinte mit hatte, schrie sie zunächst unaufhörlich. Ich hatte das nicht erwartet, weil sie selbst stumm jagte. Selbstverständlich war es unmöglich, mich in Reichweite der kleinen Flinte vor einem Kaninchenbau zu postieren, wenn Vashti nicht aufhörte, ihren Kriegsruf erschallen zu lassen. So mußte ich die Zeit drangeben, um sie eines Besseren zu belehren.

Alle unsere Katzen kennen den Befehl: «Schscht!» obwohl sie nach Katzenart natürlich nicht immer darauf reagieren. Im Gegensatz zu den meisten Hunden fühlt sich eine Katze nicht als untergeordnetes, sondern als gleichberechtigtes Familienmitglied und läßt sich infolgedessen nur höflich bitten, aber nicht befehlen. Wie unter wohlerzogenen Familienmitgliedern üblich, richtet sich meistens einer nach des anderen vernünftigen und berechtigten Bitten. Wenn Vashti nun draußen auf den Feldern bei unseren Gängen schrie, blieb ich jedesmal stehen, legte die Flinte auf den Boden und sagte: «Schscht!» Wir konnten nur Erfolg haben, wenn sie still war. Um ihr das beizubringen, brauchte ich mehr Zeit, als ich angenommen hatte, doch allmählich begriff sie es. «Bei Fuß» zu gehen brauchte sie nicht zu lernen. Während sie nämlich bei gewöhnlichen Spaziergängen vor mir her oder von einer Seite auf die andere rannte, Bäume erkletterte oder mit welken Blättern spielte, ging sie, sowie ich die Flinte mitnahm, neben mir, blieb stehen, wenn ich es tat, und starrte mit ihrem teuflischen Schielblick ins Unterholz, um festzustellen, was die Ursache unseres Aufenthaltes war. In der dritten Woche, nachdem ich mit Vashtis Abrichtung begonnen hatte, schoß ich in ihrer Gegenwart mein erstes Kaninchen. Es sprang in eine doppelreihig gepflanzte Stechpalmenhecke. Ich rannte, von Vashti gefolgt, dorthin, wo es verschwunden war, und versuchte es in dem dichten Gewirr miteinander verschlungener Zweige und stacheliger Blätter auszumachen. Tatsächlich entdeckte ich es tot und reglos. Vorsichtig schob ich

Vashti darauf zu. Sie schien nicht die leiseste Ahnung zu haben, was von ihr erwartet wurde, und kam immer wieder zurück, als ich den Versuch vier- oder fünfmal wiederholte. Ich redete ihr ermunternd zu, verlor aber ein wenig die Hoffnung, daß mein Experiment glücken könnte. Wahrscheinlich war es lächerlich, einer Katze das Apportieren beibringen zu wollen; Katzen waren niemandes Sklaven, was sie jemandem zu Gefallen taten, taten sie freiwillig. So kroch ich in die Hekke und apportierte mein eigenes Kaninchen, wie ich es immer getan hatte. Vashti sah mir aufmerksam zu. Es war inzwischen Zeit geworden, heimzugehen, weil die Kühe gemolken werden mußten.

Als ich am nächsten Tag meine Flinte ergriff, sprang Vashti unaufgefordert sofort von ihrem Platz auf der Aga herunter und lief zur Tür. Das tat sie von Stund an jedesmal, wenn ich nach der Flinte griff. Es hatte geregnet, und die Felder waren naß. Vashti haßte Nässe und beklagte sich – als wir draußen waren – bitterlich, aber ganz leise, und zuckte mißgelaunt mit den Ohren und dem Schwanz. Ich sagte ärgerlich «Schscht!», weil ich dachte, alle meine Mühe wäre vergeblich gewesen, und ich müßte von vorn anfangen, doch sie schwieg augenblicklich – sicher nicht aus Unterwürfigkeit, sondern weil ihr das Jagen mit der Flinte selber Spaß machte.

Ich schoß auf ein großes Kaninchen; ich hatte es getroffen, doch sprang es in einen Ginsterbusch. Das Feld, in dem es geschah, war damals noch ein wahrer Dschungel von Stechginster, jungen Birken und Heidekraut. Heute ist dort wunderbar grünes Wiesenland, auf dem unsere Milchkühe weiden; sowohl der Dschungel als auch die Kaninchen sind verschwunden. Ich kann jetzt unbehindert zu der Stelle gehen, an der Vashtis Ginsterbusch stand; ich nenne ihn so, weil sie dort zum Retriever wurde.

Wie am Tag zuvor schob ich sie in das Gebüsch hinein, und sie kam zurück, als ob sie sich genarrt fühlte. Ich schob sie erneut hinein, obwohl ich das Kaninchen nicht sehen konnte und nicht einmal wußte, ob es noch dort war. Ganz plötzlich begriff Vashti, was sie sollte. Die Haare auf ihrem Rücken sträubten sich, als sie tiefer in das Gebüsch kroch, bis ich sie nicht mehr sehen konnte. Nach einer Minute hörte ich sie knurren; und es raschelte in den abgestorbenen Zweigen. Gleich darauf erschien ihr dunkles dreieckiges Gesicht, und sie trug das Kaninchen wie ein Jagdhund am Nackenfell. Es war tatsächlich besonders groß, und sie mußte alle Kräfte zusammennehmen, um es schleppen zu können. Ihr tiefes Knurren wurde durch das Kaninchenfell in ihrem Maul gedämpft, aber es wurde lauter und böse, als ich meine Hand auf das tote Tier legte.

Jetzt hieß es, ihr beizubringen, daß das Kaninchen mir gehörte, und daß sie es nur holen durfte als Dank dafür, daß ich ihr erlaubte, mit mir zu kommen. Ich hatte das Gefühl, daß sie das schnell begriff, aber ich glaube, daß sie es stets für ungerecht hielt, obwohl wir alle, Menschen wie Katzen, damals auf der Farm Kaninchenfleisch in Hülle und Fülle hatten.

Nach diesen ersten Tagen des Lernens nahm Vashti an meinen Jagdgängen mit aufrichtiger Freude teil. Nach wie vor ging sie allein auf die Jagd, aber nicht mehr so häufig, und sie verließ das Farmhaus nie, wenn ihrer Meinung nach auch nur die kleinste Chance bestand, daß ich mit der Flinte hinausgehen würde. Und – noch erstaunlicher: sie *kannte* meine Flinte! Wir hatten von jeher eine ganze Anzahl von Schußwaffen. Bill interessiert sich dafür und besitzt einige außergewöhnliche, so beispielsweise ein kleines Jagdgewehr, das einem Spazierstock gleicht. Meine kleine Flinte und Bills doppelläufige Büchsflinte hängen über unserem großen Küchenherd. Über dem Kamin im Wohnzimmer hängen zwei schöne alte Gewehre, und im oberen Stock hängt eine Winchester neben einer doppelläufigen Elefantenbüchse. Aber meine kleine Waffe kannte Vashti unfehlbar heraus. Sie pflegte davor zu sitzen und abwechselnd die Flinte und mich anzusehen, wenn sie glaubte, es sei Zeit, auf die Jagd zu gehen. Sie kannte aber nicht etwa nur den Platz, an dem die Flinte hing, denn ich vertauschte sie einmal mit einer anderen Waffe, um das herauszufinden.

Nach dem ersten Apportieren aus dem Ginsterbusch apportierte Vashti jeweils sofort, schnell und eifrig. Sie knurrte jedesmal, wenn sie die Beute neben sich her zog, und schielte mich wütend an. Sie ließ mich die Kaninchen nehmen, schien dem aber immer wild zu widerstreben. Das war jedoch nur Schauspielerei; in Wirklichkeit gab sie die Beute willig an mich ab. Sie war unbeschreiblich stolz auf unsere Heldentaten und bemühte sich, alle Familienmitglieder darauf aufmerksam zu machen, um bewundert zu werden. Sobald wir den steilen Pfad betraten, der von den Feldern hinab zu unserem Farmhaus führte, wußte sie, daß sie von hier ab wieder «reden» durfte. Dann schrie sie unseren Triumph in lauten Tönen heraus, während sie ihr Maul möglichst dicht an die von mir getragenen Kaninchen brachte.

Die anderen Katzen sahen uns verblüfft und bestürzt vom Fensterbrett her entgegen. Das war keine Art der Jagd, wie sie es verstanden. Alle ausnahmslos haßten das Knallen beim Schießen und rannten, was sie konnten, in irgendein Versteck, wenn einer von uns gelegentlich einmal im Garten einen Schuß abgab – oder *im Haus,* wie ich hinzufügen muß, denn Bill hat zuweilen Spaß daran, aus einem Fenster hinauszuknallen, was ihm

Sean, unser Sohn, jetzt leider nachmacht. Seit die Myxomatose unter den Kaninchen aufgeräumt hat, holen sie hie und da eine Krähe herunter, die sich zu nahe am Hühnerhof herumtreibt, oder eine Wildtaube vom Scheunendach.

Das einzige Hindernis für Vashtis Jagdlust war ihr Abscheu, naß zu werden. Wir haben Katzen gehabt, die mit Genuß ins Wasser gingen, wir haben jetzt sogar einen Burmesen-Kater, der sich buchstäblich hineinsetzt. Aber Vashti empfand die geringste Feuchtigkeit als unangenehm. So gern sie sonst mit mir zu kommen pflegte – sie verzichtete stets, wenn es regnete oder wenn das Heidekraut von einem früheren Regen noch naß war. Und das war oft der Fall. Zugegeben, in den ersten Wochen, nachdem der neue Sport ihr gerade verständlich geworden war, begleitete sie mich bei jedem Wetter, jedoch mit so sichtbarem Widerwillen, daß ich mir schon dachte, sie würde es auf die Dauer nicht tun. So war es auch. Bald machte sie mir bittere Vorwürfe, wenn ich Anstalten traf, bei einer Wetterlage, die ihr mißfiel, hinauszugehen, und brachte es fertig, zu tun als sähe sie mich nicht, wenn ich heimkehrte.

Mit Vashti auf die Jagd zu gehen, war in unseren ersten Jahren auf der Farm eines meiner größten Vergnügen. Da waren die stillen, betauten Felder noch wild und dschungelähnlich. Man konnte es kaum glauben, daß man in Surrey war und nicht vielmehr weit weg in Wales oder Schottland. Hinten wußte ich unser altes heimeliges Haus, versteckt in seinem eigenen kleinen Tal, sicher und behaglich. Und neben mir war Vashti, meines Wissens die einzige Retrieverkatze der Welt, die freiwillig mit mir arbeitete, weil es ihr Freude machte, und weil sie unsere gemeinsame Jagd ihrem erfolgreichen, tapferen Alleingang vorzog.

Der Katzenkönig

An einem Winterabend saß die Frau des Totengräbers am Kamin. Ihr großer schwarzer Kater, der alte Tom, lag neben ihr und erwartete mit ihr, schläfrig blinzelnd, die Rückkehr des Herrn. Sie warteten und warteten, aber er blieb lange aus. Schließlich kam er hereingestürzt und rief ganz aufgeregt: «Wer ist denn eigentlich Tommy Tildrum?» Beide, seine Frau und der Kater, starrten ihn an.

«Was regst du dich denn so auf», sagte endlich die Frau, «und warum willst du wissen, wer Tommy Tildrum ist?»

«Oh, ich habe ein tolles Abenteuer erlebt! Ich war bei Herrn Fordyces Grab am Schaufeln und muß wohl dabei eingeschlafen sein. Jedenfalls wachte ich erst durch das Jaulen einer Katze auf.»

«Miau», sagte der alte Tom zur Antwort.

«Ja, gerade so war's! Ich guckte über das Grab hinweg, und was glaubt ihr, was ich sah?»

«Nun, wie kann ich das wissen!» sagte die Frau.

«Denk dir: neun schwarze Katzen, wie Tom sahen sie aus, alle mit einem weißen Fleck auf ihrem Brustpelz. Und was glaubt ihr, was sie trugen? Einen kleinen Sarg, mit einem schwarzen Sammetbahrtuch bedeckt, und auf dem Tuch lag eine Krone, ganz von Gold; und bei jedem dritten Schritt riefen alle ‹Miau›.»

«Miau», mauzte wieder der alte Tom.

«Ja, ganz genauso», sagte der Totengräber, «und wie sie näher und näher kamen, konnte ich sie genauer sehen, weil ihre Augen in grünem Lichte leuchteten. Und nun gingen sie alle auf mich zu. Acht trugen den Sarg, und die neunte, die größte unter ihnen, schritt in aller Würde voran. – Aber sieh nur unsern Tom, wie er mich anstarrt! Man könnte denken, er verstünde alles, was ich sage.»

«Nur weiter, weiter!» sagte seine Frau. «Kümmere dich doch nicht um den alten Tom.»

«Also, ich sagte gerade, sie kamen langsam und feierlich auf mich zu und riefen alle bei jedem dritten Schritt ‹Miau›. –»

«Miau», sagte der alte Tom wieder.

Der Totengräber sah Tom erschreckt an und erblaßte, fuhr aber dann fort: «Denk dir, sie stellten sich genau gegenüber Herrn Fordyces Grab auf, wo ich war, und alle standen still und sahen zu mir herüber. Aber sieh nur den Tom: er starrt mich genauso an wie sie!»

«Weiter, nur weiter», sagte seine Frau, «kümmere dich doch nicht immer um den alten Kater!»

«Wo war ich denn? Ach ja, sie standen alle und starrten mich an. Dann kam die eine, die den Sarg nicht mittrug, an mich heran, sah mir gerade ins Gesicht und sagte zu mir – ja, ich versichere dir's, sie sprach zu mir mit quiekender Stimme: ‹Sage Tom Tildrum, daß Tim Toldrum tot ist.› Und darum, bei allen Heiligen, frage ich dich, ob du weißt, wer Tom Tildrum ist? Denn wie kann ich Tom Tildrum sagen, daß Tim Toldrum tot ist, wenn ich nicht weiß, wer Tom Tildrum ist!»

«Sieh den alten Tom, sieh nur den alten Tom!» schrie da seine Frau.

Und er fuhr ebenfalls vor Staunen zusammen. Denn Tom blähte sich auf, machte einen stattlichen Katzenbuckel und kreischte schließlich: «Was, der alte Tim ist tot? Dann bin ich der Katzenkönig!» und sauste im Kaminschlot in die Höh und ward nie mehr gesehen.

Englisches Volksmärchen

BRUCE MARSHALL

Katzengesellschaft

Tag und Nacht und immerzu von acht Katzen umgeben, glaube ich des Abbé Zannuziellis Behauptung ein wenig besser zu verstehn, daß Gott jede Seele, die Er erschaffen, so liebt, als wäre es die einzige auf der Welt. In unserer übervölkerten *apartheid* ist jede Pussi eine Persönlichkeit für sich, und Cassie Puddings Gegenwart ist uns kein Trost, wenn Geddes Bijou erst spät von einer Rattenjagd heimfindet, und Sammys Gute-Nacht-Schnurren läßt uns Joshua vermissen, denn Dew Choir schnurrt nur in den Morgenstunden.

An ihrem Schnurren sollt ihr sie erkennen! Hengist gerät nur des Abends gegen sieben Uhr in Wallung, wenn er auf meinen Schoß springt in der Hoffnung, Gin und Vermouth könnten sich am Ende vielleicht doch noch in Milch und Honig verwandeln. Horsa singt zur Teestunde, auf die Minute genau um vier Uhr. Wenn die Tassen hereingetragen werden, beginnt sie mit ihrer Musik zum *Thé Dansant*. Cassies Schnurren beschwört Erinnerungen herauf, es ist wie ein leises Flügelschlagen in meinen Armen, und es birgt die Dankbarkeit des kleinen Kätzchens in sich, das ich einst an meiner Wange wärmte. Geddes Bijou, Enzo und Emma lassen ihren Anlasser zumeist am Frühstückstisch surren.

Mit acht Katzen oder sechzehn engen Pupillen bei Tag und sechzehn weiten Pupillen bei Nacht, fehlt es mir nicht an Gesellschaft. Sitzt Sammy einmal zufällig nicht auf meinem Manuskript, so versucht Cassie mit meiner Feder zu spielen, oder Joshua miaut vor der Tür, um eingelassen zu werden. Geddes Bijou, Hengist, Horsa, Enzo und Emma räkeln sich auf den Fliesen unter meinem Fenster, und wenn Sammy und Cassie in aller Frühe mit ihren Buckeln Brücken bauen und ins Freie hinausstelzen, dann schießt auch schon Hengist mit einer Hagebutte im Mäulchen herein und kuschelt sich neben mich ins Bett.

Aber nur zu den Mahlzeiten kann ich hoffen, sie alle zusammen zu sehn. Wegen ihrer Gefräßigkeit sind Hengist, Horsa, Enzo und Emma noch von der Ehrentafel ausgeschlossen, und sie sitzen weiterhin am Katzentisch draußen vor der Hintertür. Wenn sie dort ihre Portionen vertilgt haben, kommen sie hereingestürmt, um nachzuschauen, ob nicht doch noch einige Brosamen vom Tische der Großen für sie abfallen, und wenn sie noch so hungrig sind, daß ihnen der Neid aus den Augen blitzt, so räumen die andern vier Katzen manchmal vor ihnen das Feld. Sind alle acht einmal zusammen in der Küche, so erinnern sie mich an eine kämpfende Rugbymannschaft; die Zinnteller fliegen durch die Luft, und Cassie flüchtet erschreckt den Orangenbaum hinauf und läßt sich nicht so schnell wieder blicken.

Denn Cassie ist noch immer der kleine Musterknabe, der nach einem Scharmützel mit einem Hund ins Haus gewankt kommt und sich, an allen Gliedern schlotternd, hinter dem Küchenherd verkriecht. Obgleich er sehr wohl weiß, daß wir es nicht gerne sehn, wenn er – anstatt schon brav im Bett zu liegen – sich noch immer draußen herumtreibt, schleicht er doch immer mit einem schuldbewußten Schweif die Treppen hinauf. Ich glaube, ich bin der einzige Mensch auf dieser Welt, dem er voll und ganz vertraut, und ich bin es, nach dem er schreit, wenn Sammy nicht daheim ist, um ihm Gesellschaft zu leisten. Wenn ich ihm des Abends im Bett den Platz zu meinen Füßen anweise, dann blickt er mich aus seinen verschlafenen, purpurnen Augen vorwurfsvoll an und stiehlt sich dann leise herauf, um sich in mein Kopfkissen zu schmiegen und um mich an den Haaren zu zupfen. Geddes Bijou ist *le chat de Madame Marshall*, auch wenn er es ihr erlaubt, ihn in die Arme zu nehmen. Wenn immer Phyllis ihn ruft, kommt er sogleich herbeigeeilt, erhebt sich auf die Hinterbeine und schmiegt seinen Kopf an ihre Hände. Wie Casiano, so verachtet auch er es, sich wegen des Fressens mit den anderen Katzen zu zanken, aber er beklagt sich wie ein echter Herr, der sehr wohl weiß, daß er ein Recht darauf hat, sein Essen eigens serviert zu bekommen.

Auch Sammy wäre es zu dumm, sich wegen seines Fressens zu streiten; er hat übrigens auch keinen Grund dazu, denn noch immer wird für ihn in seiner Speiseecke eigens gedeckt. Er ist ein alter Herr geworden, und außer Fressen und Schlafen beeindruckt ihn nur noch Schlafen und Fressen und vielleicht einmal ein Spielchen mit meinen Hosenträgern oder mit den Bändern meiner Pyjamahose. Wir vermissen bei ihm die Weisheit des Alters: er bekommt immer noch seine Wutanfälle, aber wir vergeben ihm sein Grollen und seine Spucker, wenn er reumütig den weitesten und beschwerlichsten Weg wählt und durch den ganzen Raum, über Tische und Stühle kletternd, herbeikommt, um unsere Hände zu lecken und zu schnurren und aus Leibeskräften mit den Pfoten radzufahren.

Manchmal haben wir den Eindruck, als ob Sammy abdanken wolle, weil er Stückchen um Stückchen seiner Macht auf Joshua überträgt. Joshua scheint nicht abgeneigt, die Regentschaft zu übernehmen: er läßt seinen Anlasser schon schnurren, wenn irgendeine der andern Katzen seinem Napf auch nur nahekommt, und wenn er Schläge verteilt, dann ist Horsa die einzige, die nicht vor ihm ausreißt.

Denn Horsa hat ihren eigenen Willen, und

wenn ich daran denke, wie sie kratzte und um sich biß, als wir versuchten, ihr Bein einzureiben, ist mir nicht bange, daß sie je ein Zigeuner zu fassen kriegt, selbst dann, wenn sie gerade nicht auf der Hut ist. Seltsamerweise aber ist es Hengist, der uns und seine Katzenkameraden gleichermaßen liebt, und sollte es so etwas wie gestreifte Heilige im Katzenjenseits geben, so wird er unter ihnen bestimmt seinen Platz einnehmen.

Auf jeden Fall aber war er der einzige, der Billy Bunter willkommen hieß, als dieser vor genau drei Tagen den Weg herauftrabte. Sammy war so erschrocken, daß er die Beine in die Hand nahm und lief, was das Zeug hielt, und es blieb Cassie überlassen, seine Ohren hängen zu lassen, bis sie Baskenmützen glichen, und den Neuling durch einen Spucker zur *Chat d'Antibes* zu befördern.

Bunter ist ein ganz strammer kleiner Junge von acht Monaten. Er hat Sammys krokusgelbe Augen, Joshuas schwarz-weißen Wanst und den Schnurrbart eines englischen Generalmajors. Zuerst verdächtigten wir folgende Herren der Vaterschaft: Demosthène oder Nicky Low, Timoléon, Octave oder Théophraste, Herkules, Aristide, Séraphin, Godefroy oder Silvester Cantacugini. Erst später erfuhren wir, daß Billy Bunter von besonders feinen Eltern abstammte und – sozusagen – aus allen Wolken über die Hecke in unsern bescheidenen Garten gefallen war, und daß er in

Wirklichkeit Fan-Fan hieß, dem wir (unserer Freundin Gina Lollobrigida zu Ehren) La-Tulipe hinzufügten.

Mit Fan-Fan-La-Tulipe-Bunter haben wir nun neun Katzen oder achtzehn enge Pupillen, um den Stand der Sonne zu bestimmen, und achtzehn weite, den Grad der Dunkelheit zu messen. Nicht nur, daß ich nach meinen Katzen die Zeit bestimme, die Katzen anderer Leute erinnern mich an Orte:

Genua – das ist für mich Bernardo, das Kätzchen Fra Nazareno Fabrettis, das weiß, daß man keine Seele haben muß, um Hunger und Schmerzen zu spüren; Edinburgh ist Nipper und Dumbo, die noch heute die Festspielbesucher im Clarendon-Hotel willkommen heißen; an Perpignan erinnert mich Donegal, ein Kater, der mir im Hôtel-de-France zuvorkommenderweise bei meinem *côte-de-porc* half; Marmalade, die aprikosenfarbene Katze, die eine witzige Kellnerin gegen Keiller eintauschen wollte, ruft die Erinnerung an South Audley Street in mir wach; Jermyn Street – das ist das Kätzchen mit der Halskrause, das für ein freies Mittagessen den Hanswurst spielt; Nottingham ist Sheilas Kätzchen Fofime, Joshuas Schwesterchen aus dem ehrbaren Geschlecht derer von Dew Choir; Paris ist natürlich des Staffelkapitän Yeo-Thomas schwarzer Winkie; Rom ist Broccolo aus dem Ristorante Santa Chiara, und New York ist

Tyleke und Neleke und der siamesische Kater Mr. Callahan mit irischer Abstammung und unirischen Manieren, der einem einen Schlag versetzte, wenn er zu spielen wünschte.

Mit all diesen und mit meinen eigenen dazu habe ich genug Katzen für meine Katzenliebe, und zur Not ist immer noch Rigobert da, der sich auch weiterhin bei uns seine Extra-Portion Fisch holt.

Vielleicht bringt es der Abbé Zannuzielli mit seinem Evangelium in der Umgangssprache am Ende doch noch so weit, auch in andern die Liebe zu ihnen zu entflammen. Jedenfalls tauchten am letzten Sonntag sowohl Sin-Sin-Frin als auch Dante, der Klomann, in der Kirche auf, beide in niegel-nagel-neuen Stiefeln. Sie hätten vielleicht besser den nächsten Sonntag gewählt, denn diesmal ließ der Abbé im Beichtstuhl Strenge walten, und was er für ein Flüstern hielt, war noch vorn am Taufbecken zu hören: «*Si vous recommencez je me trouverai dans l'obligation de vous refuser l'absolution.*»

Laßt uns hoffen, daß es nicht nur um Mädchen ging. Laßt uns hoffen, daß der Abbé nun endlich endgültig auch für die Katzen zu Felde zog.

Die «Times»-Katze

Denjenigen, die unvorbereitet in das Scheinwerferlicht geraten, das die Verleihung eines Preises mit sich bringt, steigt ihr Erfolg so oft zu Kopf, daß man sich freut, einmal eine Ausnahme verzeichnen zu können. Tiger, der zur Belegschaft der «Times» gehört und im Wettbewerb um den Titel der besten Zeitungskatze einen Silberpokal gewonnen hat, war gestern schon wieder im Dienst auf der Lauer nach Ratten. Gewiß, nachdem die Fotografen ihn in seiner Glorie aufgenommen hatten, gab es eine Zeitspanne, in der sich über sein Treiben nichts in Erfahrung bringen ließ. Es sind Andeutungen gefallen, wonach seine Abwesenheit von der üblichen Büroarbeit am Sonntag abend auf die Feier mit seinen zahlreichen Freunden in der City zurückzuführen sei. Sollte dies zutreffen – bewiesen ist es noch nicht –, so haben sich diese Feierlichkeiten bestimmt in würdevollen Formen abgespielt. Wer die Londoner City in ihrer sonntäglichen Stille kennt, dem fällt auf, daß sie hauptsächlich von Katzen bevölkert ist, die so gemächlich einherschlendern wie in der guten alten Zeit die Stadtväter, die damals noch über ihren Läden wohnten.

Was immer sich während dieses Weekends wirklich abgespielt hat – Tiger hat sich wieder so bescheiden eingefügt, als hätte er nie an dieser Katzenschau teilgenommen und sich dort unter blaublütigen und langhaarigen Aristokraten bewegt. Sein Interesse an allen Zweigen der Zeitungsproduktion, das ihn dazu veranlaßt, Gießerei und Setzersaal zu inspizieren und die Stühle in der Redaktion auszuprobieren, bleibt unbeeinträchtigt und unvermindert. Er hat keine Ambitionen, etwas anderes zu sein als eine berufstätige Katze. Woher er kam, als er vor drei Jahren in unseren Betrieb eintrat, bleibt ein Geheimnis, doch darf mit Sicherheit angenommen werden, daß er von waschechter Londoner Herkunft ist und in seinem Leben noch kein grünes Feld oder Vögel gesehen hat, die weniger gewiegt sind als die Tauben und Spatzen auf dem Printing House Square, wo das Gebäude der «Times» steht. Hier ist seine Heimat, und das einzige Mal, als er sie verlassen mußte, nahm sein Unwille eine militante Form an. Bei der ersten Begegnung seines Lebens mit einem Korb – als Transportmittel zu der Ausstellung – zerriß er die Exemplare der «Times», die er als Teppich mitbekommen hatte. Dem ist vielleicht eine tiefere Bedeutung beizumessen als die eines blassen Protests gegen die Ortsveränderung. Der Kater wurde nämlich erst einer kleinen, vorbereitenden Toilette unterzogen, aber vielleicht wäre er lieber direkt vom Büro in seinem Werktagsaufzug erschienen. Im Dienst ist er jedenfalls frei von Launen. Sauber und freundlich wacht er über den Ausgaben, die in die Maschine gehen, mit derselben heiteren, wenn auch leicht zynischen Aufmerksamkeit, die er, bequem auf einem Schreibtisch zusammengerollt, dem Verfasser eines Leitartikels bei seinen Geburtswehen schenkt. Über die Pfote, die Tiger dabei manchmal auf den Schreibblock streckt, gibt es verschiedene Auffassungen: manche wollen ein Lob darin sehen, andere wieder eine Andeutung, daß der letzte Satz durch eine Neufassung gewinnen könnte.

Tiger gehört zu einer großen Gruppe von Londonern, die nie ein gemütliches Heim gekannt, es darum auch nicht vermißt haben und ihre höchste Selbsterfüllung in einem Büro finden. Diese werktätigen Katzen erscheinen gewöhnlich aus dem Nirgendwo, aber wenn sie sich einmal ihren Beruf ausgesucht haben, bleiben sie ihm auch treu. Sie erforschen jeden Zoll ihres selbstgewählten Wirkungskreises, und wenn es dort irgendwo ein Winkelchen gibt, das vor jedem Zug geschützt ist, dann wird man sie darin finden, tief in Gedanken versunken. Im Wechsel der Jahreszeiten folgen sie der Sonne von Zimmer zu Zimmer und von Stockwerk zu Stockwerk. Jede dieser Katzen ist eine ausgesprochene Persönlichkeit, die ihre Mitarbeiter unaufdringlich, aber wirkungsvoll beeinflußt. Diese Innung der Londoner Katzen allein wäre schon ein Thema für eine Anthologie.

KAREL ČAPEK

Die unsterbliche Katze

Am Anfang dieser Geschichte von einer Katze steht – mit der Inkonsequenz, die für die Wirklichkeit bezeichnend ist –, ein Kater, und zwar ein geschenkter.

Jedes Geschenk hat etwas Übernatürliches. Jedes ist gleichsam aus einer anderen Welt, fällt vom Himmel, dringt ohne Rücksicht mit dem Elan eines Meteoriten auf uns und in unser Leben ein. Besonders dann, wenn es sich um einen geschenkten Kater mit blauem Bändchen handelt.

So wurde er denn auf den Namen Philipp getauft. Infolge seiner unterschiedlichen moralischen Qualitäten nannten wir ihn dann auch Kujon oder Lumpi. Er war ein Angorakater, aber zausig und rostfarben wie irgendeine Mieze aus unseren Landen.

Eines Tages fiel Philipp – im Zuge einer Expedition – vom Balkon einer Frauensperson auf den Kopf. Diese fühlte sich dadurch teils gekratzt, teils tief beleidigt und erhob gegen meinen Kater Anklage. Er sei ein gefährliches Tier, das vom Balkon ahnungslosen Passanten auf den Kopf springt. Ich konnte zwar die Unschuld meines seraphischen Tierchens beweisen, doch drei Tage später tat es seinen letzten Atemzug. Arsen und menschliche Bosheit hatten es dahingerafft.

Als ich eben mit seltsam verschleierten Augen beobachtete, wie seine Glieder sich in letzten Zuckungen streckten, vernahm ich von der Eingangstüre her ein klägliches Miauen. Dort stand zitternd ein verirrtes, schmutziges Kätzchen, das abgemagert war wie ein Fakir und dreinsah wie ein verlorenes Kind. Nun, komm her, Miez! Vielleicht ist es ein Fingerzeig Gottes, der Wille des Geschickes, ein geheimnisvoller Wink oder wie man es sonst nennen mag, wenn man guten Willens und traurig ist. Am ehesten meine ich, daß mein Katerchen Philipp in der Sekunde seines Hinscheidens Ersatz geschickt hat.

Das war also das Entrée der Katze, die wegen ihrer Bescheidenheit den Namen Daisy – Gänseblümchen – erhielt. Wie Sie merken, kam sie aus dem Unbekannten, aber ich lege Zeugnis dafür ab, daß sie sich auf ihren geheimnisvollen oder gar übernatürlichen Ursprung nichts zugute tat. Im Gegenteil! Sie benahm sich wie jede sterbliche Katze. Sie trank Milch, stahl Fleisch, schlief auf meinem Schoß und trieb sich nächtens herum.

Als ihre Zeit kam, warf sie fünf Junge. Eines war rotbraun, eines schwarz, das dritte dreifarbig, das vierte dunkelgrau und das letzte gar ein Angora.

Aha, da haben wir es!

Ich begann, alle Bekannten zu stellen: «Hören Sie», sagte ich großartig, «ich habe für Sie ein phantastisches Kätzchen!» Einige von ihnen wanden sich heraus – wahrscheinlich aus übermäßiger Bescheidenheit –, sie möchten wohl, können aber leider nicht und was dergleichen Ausreden mehr sind. Andere wieder waren so verblüfft, daß sie kein Wort herausbrachten, worauf ich ihnen schnell die Hand drückte und erklärte, die Sache sei demnach abgemacht. Das Katzenjunge würde ich ihnen beizeiten zustellen lassen. Und schon jagte ich dem nächsten zukünftigen Katzenbesitzer nach.

Es gibt wohl nichts Schöneres als so eine Katzenmutterschaft. Man sollte sich eine Katze schon wegen ihrer Jungen anschaffen. Sechs Wochen später allerdings ließ Daisy ihre Kätzchen Katzen sein und wollte den heiseren Bariton von Nachbars Kater aus nächster Nähe genießen.

Nach dreiundfünfzig Tagen entledigte sie sich junger Katzen, sechs an der Zahl. Nach Jahr und Tag waren es insgesamt siebzehn. Ich glaube, daß der Mann, der den Ausdruck «fruchtbar wie ein Kaninchen» prägte, meine Daisy nicht gekannt haben kann.

Immer hatte ich gedacht, der Teufel hol's, ich hätte weiß Gott wie viele Bekannte. Doch seit der Zeit, da sich Daisy mit der Katzenfabrikation befaßt, erkenne ich, daß ich im Leben allein stehe.

Daß ich zum Beispiel niemanden habe, dem ich das sechsundzwanzigste Junge anbieten könnte.

Wenn ich mich jemandem vorstelle, murmle ich meinen Namen und dann: «Möchten Sie vielleicht ein Kätzchen?» «Was für ein Kätzchen?» fragen die Leute erstaunt. «Das weiß ich noch nicht», antworte ich, «ich weiß nur, daß ich demnächst wieder welche bekomme.»

Bald hatte ich den Eindruck, daß mich die Leute meiden. Vielleicht war der Neid die Ursache, weil ich so viel Glück mit Katzenjungen hatte.

Nach Brehm haben Katzen zweimal im Jahr Junge. Daisy kam hohnlächelnd drei- bis viermal jährlich nieder, und das ohne Rücksicht auf die Jahreszeit. Sie war eben eine übernatürliche Katze. Offenbar war ihr die Bestimmung auferlegt, den vergifteten Kater zu rächen und hundertfach zu ersetzen.

Nach drei Jahren fruchtbarer Tätigkeit ging Daisy plötzlich ein. Dies war die Folge eines schweren Hiebes, den ihr irgendein Hausmeister unter dem unwürdigen Vorwand versetzt hatte, sie wäre in seine Speisekammer eingedrungen und hätte dort eine Gans gefressen.

An dem Tag, da Daisy dahinschwand, kehrte ihre jüngste Tochter zu uns zurück, die ich meinem Nachbarn angehängt hatte. Sie blieb unter dem Namen Daisy II, dies in gerader Nachfolge ihrer verblichenen Mutter. Sie folgte geradezu vorbildlich nach. Als sie noch ein Katzenjüngferlein sein sollte, ging sie auf wie Kuchenteig und schenkte der Welt alsbald vier Junge. Eines schwarz, eines ziegelrot, eines gesprenkelt wie eine Pferdebohne und das vierte mit dem Schimmer durch Waschblau gezogener Bettücher.

Daisy II warf dreimal jährlich mit der Präzision eines Naturgesetzes. Innerhalb von dreißig Monaten bereicherte sie die Fauna unserer Stadt durch einundzwanzig Katzen aller Farben und Rassen, die von der Insel Man ausgenommen, denn dort kommen die Katzen schwanzlos zur Welt.

Das einundzwanzigste Junge brachte mich in größte Verlegenheit: Ich konnte keinen Abnehmer dafür finden. Eben hatte ich mich entschlossen, die Aufnahme in eine Freimaurerloge anzustreben, die mir einen neuen Bekanntenkreis erschließen sollte, als Nachbars Rolf Daisy II zu Tode biß.

Das hinterbliebene Kätzchen wurde mit dem Namen Daisy III begabt und warf vier Monate später fünf Junge. Seit dieser Zeit erfüllt sie ihre Mission gewissenhaft in Intervallen von fünfzehn Wochen.

Man würde gar nicht glauben, daß sie eine so große, unsterbliche Aufgabe hat. Sie sieht aus wie eine gewöhnliche dreifarbige Hausmiez, die den ganzen Tag auf dem Schoß des Familienpatriarchen schläft – oder auf dessen Bett –, einen ausgeprägten Sinn für persönliche Bequemlichkeit hat, gegen Mensch und Tier gesundes Mißtrauen hegt und, wenn es darauf ankommt, ihre Interessen und ihre angestammten Rechte mit Zahn und Kralle zu verteidigen weiß.

Doch wenn die fünfzehn Wochen um sind, beginnt sie zitternde Unruhe zu zeigen, sitzt nervös vor der Tür und täuscht vor: «Mensch, ich muß schnell hinaus, ich vergehe vor Bauchgrimmen!» Dann fliegt sie wie eine Hexe ins nächtliche Dunkel und kehrt erst morgens wieder. Verfallen im Gesicht und mit Ringen unter den Augen.

In dieser Zeit kommt vom Norden her, wo der große Friedhof sich breitet, ein riesiger schwarzer Kater. Vom Süden, wo es von Fabriken wimmelt, schleicht ein rotbrauner, einäugiger Raufbold daher. Der Westen, in dem die Zivilisation siedelt, entsendet einen Angorakater, der einen Schwanz wie Straußenfedern hat, und der Osten, wo gar nichts ist, liefert ein geheimnisvolles weißes Tier mit getigertem Schweif.

Inmitten der Vier sitzt dreifarben und schlicht Daisy III und lauscht bezaubert ihrem Geheul, ihren abgehackten Schreien, dem Gewimmer gemordeter Säuglinge, dem Grölen betrunkener Matrosen, den Saxophonen, dem Dröhnen der Trommel und den übrigen Instrumenten der Großen Katersymphonie.

Damit alles klar ist: Zum Katersein gehört nicht nur Kraft und Tapferkeit, es gehört auch Ausdauer dazu. Manchmal belagern die vier apokalyptischen Kater Daisys Heim eine volle Woche hindurch. Sie blockieren das Tor, dringen durch die Fenster ins Haus ein und entweichen wieder unter Zurücklassung höllischen Gestanks.

Endlich kommt die Nacht, da Daisy III nicht auszugehen fordert. «Laßt mich schlafen», sagt sie, «schlafen, in alle Ewigkeit schlafen. Schlafen, träumen – – ach, ich bin ja so unglücklich!»

Worauf sie in angemessener Frist fünf Junge wirft. Ich habe diesbezüglich schon meine Erfahrungen: Es werden fünf sein. Ich sehe sie schon vor mir, die teuren, süßen Dingerchen, wie sie wieder durch die Wohnung hüpfen und schleichen, vom Tisch die Stehlampe reißen, Schuhe von innen naß machen, mir die Beine entlang auf den Schoß kriechen, wie ich ein Junges im Ärmel finde, wenn ich den Rock anziehen will, die Krawatte unterm Bett, die ich umbinden wollte. Ja, mit Kindern hat man Sorgen, das wird jeder bestätigen. Es genügt nicht, sie zu erziehen, man muß auch ihre Zukunft sicherstellen.

In meiner Redaktion haben schon alle Kollegen Kätzchen. Ich bin bereit, jeder Organisation, jedem Verein beizutreten, wenn mir die Abnahme von einundzwanzig Katzenjungen garantiert wird.

Inzwischen werde ich mich in dieser unerfreulichen Welt nach Plätzchen für weitere Generationen umsehen, und Daisy III oder IV werden – die

Pfötchen eingezogen – das Garn ihres Katzenlebens spinnen. Sie werden von einer Katzenwelt träumen, von Katzenarmeen und davon, daß die Katzen, sobald ihrer genug sind, das Weltall erobern wollen. Denn das ist die große Aufgabe, die ihnen der unschuldig hingemordete Kater Philipp auferlegt hat.

Aber ernstlich: Möchten Sie nicht ein Kätzchen?

GUSTAV SCHENK

Seefahrer Kador

Vielleicht wird einmal noch das Hohelied eines seltsamen, geheimnisvollen Tiervolkes gesungen, das Lied von den Schiffskatzen, die krank werden und sterben, wenn der Lärm der Häfen, der Geruch des Kais und der Schiffe sie verlassen. Unstet fahren sie mit Dampfern und Seglern von Hafen zu Hafen, sie liefern sich Schlachten in den Gassen Tampicos oder Marseilles, sie lieben, räubern, fressen und stellen sich pünktlich wieder am Hafen ein, ehe die Anker ihres Schiffes gelichtet werden. Sie riechen die Abfahrt, sie ahnen die Stunde des Abschieds, sie kennen die Dampfer der großen

Linien und wissen, wohin sie fahren und wo sie landen. Kommen sie einmal zu spät, wenn die Zeit im Rausch des Kampfes und der Liebe zu rasch verflogen ist, so finden sie doch ihre schwimmende Wohnung wieder, in Sydney vielleicht oder drei Monate später in Hamburg.

Ich vergesse es nie, wie Kador das erstemal vor mir auftauchte, riesengroß, mitten in der Nacht des Lagerraums. Ich erkannte den grauen Helden an seiner furchtbaren Narbe, von der jeder vielbefahrene Seemann erzählen kann. Sie lief über das Nasenbein und reichte bis auf den Schädel hinauf. Ich erkannte aber auch sein Fell, stählern, mit schwarzem Brustschild, den Bau des Körpers, so wie man ihn mir beschrieben hatte: hochbeinig, geschmeidig, wie der eines Jaguars.

So viel hatte ich schon von dem Ruhelosen und Streitbaren gehört. Sein Mut, seine Entschlossenheit, sein Stolz, eben sein vollkommener Katercharakter, verschafften ihm bei den Seeleuten unter den Tausenden reisender Katzen einen besonderen Platz. Er war das Zeichen einer guten Fahrt. Glücklich das Schiff, dessen Planken Kadors weiche Sohlen berührten.

Er stammte aus einem kühnen Geschlecht. Nie schliefen seine Ahnen auf weichem Pfühl und nie starben sie an der Schwäche des Alters. Ihre Leiber wurden nicht fett, ihre Muskeln nicht schlaff. Kador wurde auf einer der Inseln unter dem Winde geboren. Er, der seinen Ruhm durch jeden Hafen der Welt trug, der den Geruch der Schiffe zwischen San Franzisko und Colombo, zwischen Aden und Singapur kannte, hatte zur Mutter eine edle Afrikanerin, die aufgewachsen war im Exil von Marseilles und ermordet, fünf Jahre später, von zwanzig algerischen Bastarden in Oran.

Zwölfmal hatte der unermüdliche graue Held sein Schiff verloren, und zwölfmal fand er es in den verlorensten Gegenden der Welt wieder. Zwölfmal war Kador vor Kummer krank gewesen, denn die Gewohnheit war auch für ihn eine große Macht. Daß er sich immer wieder auf den Planken des holländischen Dampfers «Over Flake» einfand, war sicherlich nicht nur Zufall. Ein rätselhafter Wille führte ihn in seine heimische Welt zurück, zurück zu seinem Kapitän, der es nicht über sich brachte, laut zu schreien und Kadors empfindliches Gehör zu verletzen. Immer wieder führte es ihn zu den Matrosen, die ihn nicht plagten und denen vor Freude das Herz klopfte, wenn das Tier mit erhabener Gleichgültigkeit, so, als sei es nie fortgewesen, nach langer Zeit wiederkam.

Nun hatte Kador sein Schiff in Rio verloren. In langsamer, stürmischer Fahrt waren sie von den Westindischen Inseln gekommen, und die Matrosen waren so landhungrig wie die Kater. Zwei Tage blieb Kador fort. Am dritten Tag kam er, besah sich sein Schiff genau, ohne die Menschen darauf zu beachten, und rannte wieder eilig davon, als hätte er noch etwas vergessen. Wenige Stunden danach – die «Over Flake» war schon in See gestochen – ließ er sich wieder am Kai blicken, beroch eifrig mit geducktem, sprungbereitem Leib Steine, Taue, Drahtseile, altes Eisen, Papier und Stroh, das von der Ladung hier liegengeblieben war. Von da an hatte er keinen Sinn mehr für Fraß und Liebe, bis er sich, wie man mir berichtete, auf einem schwedischen Segler niederließ, in Kapstadt das Schiff wechselte und mit einem französischen Frachter nach Algier kam.

Die Mannschaft hatte ihn verwöhnt und gut verpflegt. Aus Kisten und Baumwolle hatten sie ihm eine Schlafstelle gebaut, obgleich er sich doch nur oben auf der Kommandobrücke im Schatten des Sonnensegels zusammenrollte. Man hatte ihm, der an Bord als guter Geist galt, unnütz viel geopfert: Bequemlichkeit, Schlaf und die besten Bissen vom Mittagstisch. Doch er war mürrisch, zänkisch, peitschte oft und ohne Grund mit der Rute durch die Luft, fraß nicht viel und ließ sich nicht berühren.

Man erriet, was ihm fehlte: sein Heimatschiff, das oft jahrelang von Holland fortblieb, von Hafen zu Hafen zog und Fracht nahm, wo es sie bekam. Ein Stromer, ein Vagabund war die «Over Flake», die einmal in Brindisi anlegte und dann wieder in Sansibar, so regellos, wie es die Geschäfte mit sich brachten.

So fuhr Kador mißmutig, gereizt, mit schmalem, abgezehrtem Leib in Algiers Hafen ein. Er hockte, ein großer, grauer Fleck mit weit geöffneten braunen Augen, auf der Brücke neben dem Kapitän. Mit verlorenem Blick sah er über die vielen Schornsteine. Er roch das Eisen der Schiffe, die langsam vorüberzogen, den Dunst des Teers, den atemberaubenden, schwarzen Kohlenwind. Jede Planke roch anders, jedes Segel, jeder Mast hatte seinen eigenen seltsamen Atem.

Dann aber sprang er plötzlich, als schmerzte ihn etwas, zur Seite, sauste im gleichen Augenblick über das eiserne Gestänge der Treppe und stürzte in zwei, drei Sätzen an Deck. Einige Male lief er ratlos an der Reling hin und her, enterte dann den Lademast, balancierte auf der Rahe entlang, duckte sich und sprang mit einem mächtigen Satz auf das Deck eines vorüberfahrenden Schleppers.

Nun begann die große Jagd auf Kador. Von allen Seiten hatte man den Sprüngen des Tieres mit Spannung zugesehen und wußte auch bald, was es wollte: in der Nähe des Schleppers fuhr ein Dampfer vorbei, zum Hafen hinaus und steuerte hart an der Mole entlang. Es war die «Over Flake».

Die Reling war besetzt mit schreienden, aufgeregten Leuten, die Kador zusahen. Der sprang gerade auf eine Kohlenbarke und sah sich im Rennen und Stürzen nach dem Dampfer um, eilig und konzentriert, als wolle er sich vergewissern, ob das Schiff noch da sei.

Ein Kohlenboot lag hinter dem anderen, Kador nahm sie alle in langen, federnden Sätzen, mit dem Schwanz steuernd, wenn er zu tief fiel. Doch am Ende der Leichterreihe, schon auf dem Kai, erwarteten ihn böse Dämonen: eine Gruppe arabischer Hafenarbeiter, die mit Tüchern, Händen und Köpfen, mit ausgedörrten, staubigen Leibern und Beinen Kador den Weg verstellten.

Wütend, aufgeregt und im Schwunge der hitzigen Fahrt fegte er in das Knäuel der gefährlichen, hochbeinigen Wesen, wurde aber gleich darauf aufgehoben, von vielen Händen festgehalten, gekniffen und gezerrt. Er schrie auf, so heiser, gellend, daß sogar die Leute auf der «Over Flake» erschraken. Er riß seine Pfoten aus den Schrauben der heißen Finger, hieb irgendwo in die Gesichter ringsum hinein, kratzte mit gespreizten Krallen von oben nach unten, zerfetzte dort ein Ohr und da ein Auge, und ehe er sich versah, wurde er fallen gelassen.

Einen Augenblick stand er benommen allein auf dem Platz, immer noch fauchend und knurrend, während die braunen Gesichter davonstoben. Dann aber raste er, sich herrlich biegend, schwebend fast, um das Rechteck des Hafens zur Mole.

Man sah seine Sohlen nicht die Erde berühren. Der Schädel bildete mit dem Rücken eine Linie. Dann und wann, wenn er im Sprung ein Hindernis nahm, flog er durch die Luft, ein Geschöpf aus fremder Welt. So erreichte er die Mole an der Hafeneinfahrt, aus der eben die «Over Flake» steuerte.

Kador stand nun am äußersten Ende des Bollwerkes, lief, das Maul in der Erschöpfung aufgesperrt, unsicher hin und her. Er miaute einmal, leise und ganz kläglich, sah mit verbogenen Ohren hinunter in das Wasser, zum Dampfer hinüber und ratlos auf seine Pfoten und stürzte sich dann mit plötzlichem Entschluß ins Meer. Er sank unter, tauchte auf, schwamm mit weit aufgerissenen Augen und angelegten Ohren hinter dem Schiff einher, eilig mit den Pfoten rudernd.

Die «Over Flake» drehte bei. Ganz Algier stand am Hafen und sah dem Schauspiel zu, wie ein verrückter Kapitän um einer Katze willen sich aufhalten ließ. Niemals mehr hätte man den holländischen Kapitän ernstgenommen, wenn es nicht Kador gewesen wäre, für den er auch noch ein Boot aussetzte, um das Tier zu bergen.

Oben wickelte man den Kater in eine Decke, ließ Milch wärmen, fütterte ihn und klopfte ihm bewundernd auf den starken, noch vom Meerwasser feuchten Rücken.

Gleich darauf besichtigte Kador das ganze

Schiff, beroch das Gangspill, die Ketten, die Planken, die Kojen der Leute, stieg hinunter in den Heizraum, sog den Dunst der Kohlen und des Öls ein und war dann erst bereit, sich von der Mannschaft hinter den Ohren kraulen zu lassen. Noch im Halbschlaf rollte aus seiner breiten Brust die Musik eines himmlischen Wohlbehagens.

O. SKALBERG

Pferdefleisch für Siamesen

Meine Pferdemetzgerin ist eine Frauensperson vorgerückten Alters, mit den Haarzotteln einer Gallionsfigur, rotgesichtig und um Kinn und Nüstern vor Flaum ebenholzschwarz.

Seit drei Jahren kaufe ich bei ihr jeden Montag und Freitag ein Kilo mager, möglichst ohne Fett und Flachsen.

«Zum Braten, der Herr?» fragt sie darauf zurück, ebenfalls seit drei Jahren.

«Nein», antworte ich ohne Ziererei, «wird roh gefressen. Ist für meine Katzen.»

Jetzt schaut sie schwerfällig vom Hackklotz hoch, kneift ihre winzigen Gewürzkornaugen zusammen, und ich merke, wie es hinter ihrer niederen Stirn ein wenig blitzt. Sie beginnt sich an mich zu erinnern.

«Ah – für Katzerln!? Der Herr macht seinen Miezerln ein Präsent?»

«Siamkatzen», sage ich wortkarg, denn seit drei Jahren hole ich jeden Montag und Freitag ein Kilo mager, und es wurmt mich, daß ich bei dieser Person keinen Eindruck hinterlasse.

«Siam», fährt sie fort und schnipselt, «Siam sind heikle Miezi, aber schöne Miezi. Reiche Miezi. Was der Mensch noch mag, läßt eine Siam liegen.»

«Passen Sie auf», sage ich kurz angebunden, «daß ja kein Fetzchen Fett dazwischenbleibt. Fett ist für Siamesen Gift.»

«Aber der Herr könnt 's Fett schon brauchen», dröhnt sie zurück und stiert, während sie sich neckisch schüttelt, hart auf meine Lenden.

«Und ein halbes Pfund Niere», füge ich barsch hinzu. «Auseinanderschneiden, 'raus mit dem Fett...»

«Miezi mögen keine Niere, wegen dem Geruch...» bemerkt sie jetzt kassandrahaft. Das seit drei Jahren.

«Siam mögen Nieren», fauche ich voller Wut durch die Zähne.

«Wieviel Miezi hat denn der Herr?»

Ich besinne mich einen Moment, denn die Zahl meiner Siamkatzen ändert sich je nach Geburts- und Sterbefällen. Zur Zeit sind es vier, die fünfte ist seit vierzehn Tagen in der Klinik. «Vier», belle ich verärgert, denn es fällt mir ein: Beim letztenmal habe ich fünf gesagt und zwischendurch drei, sechs und zwei, je nachdem. Sie merkt sich ja doch nichts, selbst mich erkennt sie durch den Dunst ihrer Riesendummheit stets erst in letzter Sekunde wie ein vernebeltes Riff. Ich kriege in diesem Laden als Mann und Mensch einfach kein Bein auf die Erde.

«Vier», wiederholt sie staunend, aber sie staunt genauso, wenn ich eine sage.

«Freilich, vier Miezi fressen Nierln, aus Futterneid. Vier Miezi!»

Ich starre sie mißtrauisch an und komme ins Grübeln. Vielleicht verstellt sie sich und hält mich heimlich für so dumm wie ich sie, denn jedesmal nenne ich eine andere Katzenzahl. Sie wird vermuten, daß ich überhaupt keine Siamesen habe und mich zu Hause selbst über die Pferdenieren hermache.

Letzten Freitag bin ich mittags vorbeigekommen. «Ein Kilo mager, möglichst ohne Fett und Flachsen...»

«Zum Braten, der Herr?»

«Nein. Für meine Katzen.»

«Ah – der Herr hat Miezi?»

«Nichts da. Siamesen.»

«Da schau! Siam! Heikle Miezi, aber schöne Miezi.»

«Siam», knurre ich verdüstert, «sind keine Miezi.» Jede meiner Siamkatzen ist eine kleine Prinzessin und hat ihren Stammbaum, Miezi ist dafür kein Ausdruck. Überrascht schaut ihr krebsroter Kopf vom Hackklotz hoch.

«Ah, Goetheschüler – keine Miezi?»

Diese Goetheschüler lernen an der hiesigen Goetheschule Deutsch. Es sind Türken, Inder, Siamesen, Perser, Japaner und Indonesen, selbst dieses Weib hat das gemerkt. Ich starre wortlos vor Zorn auf die Waage.

«Wieviel Siam hat denn der Herr?» fragt sie.

«Fünf!» knurre ich aufgebracht und könnte mich zerfleischen für meinen sinnlosen Drang zur ehrlichen Antwort. Am Mittwoch ist die fünfte aus der Klinik heimgekommen. Jedesmal bringt dieses Roß mich dazu, daß ich geschwätzig werde und die Wahrheit sage.

«Fünf», wiederholt sie kopfschüttelnd. «Fünf Studenten fressen schon was weg!»

«Sind absolut keine Studenten», werfe ich verächtlich aus dem Mundwinkel hin. «Siam sind Katzen. Ein halbes Pfund Niere.»

«Miezi?!» höre ich sie rufen. «Miezi mögen aber keine Niere, wegen dem Geruch...»

«Siam mögen Niere», knirsche ich durch die Zähne.

«Fünf mögen freilich Nierln», gibt sie zu. «Aus Futterneid...»

«Nein! Auch so!!» schreie ich empört. Sie lauert mich von unten her an, und ich lauere zurück. Unter ihren dicken Augenbrauen wetzt sie bereits den messerscharfen Blick auf meinen Hüften. Denn wir stehen kurz vor dem Satz mit dem Fett, das sie wegschneiden soll und das ich besser brauchen könnte als die Siamesen. Seit drei Jahren mache ich das mit.

Blaß und verzehrt vor Selbstbeherrschung stiere ich sie an und beginne: «Aber ohne Nierenfett, das ist für Siamesen pures Gift...»

Während sie die Lippen aufwirft, flüchte ich, um nicht umzusinken, rasch in meinen alten Wunschtraum. Ich sehe ein edelgebautes Bierbrauerroß mit verständigen Augen hinter der Theke hantieren. Nach dem zweiten Einkauf hat es mich wiedererkannt und wiegt mir ein Kilo mager, möglichst ohne Fett und Flachsen, von dieser Weibsperson ab, die am Haken hängt.

«Zum Braten, der Herr?» fragt es höflich.

«Nein», antworte ich ohne Ziererei, «wird roh gefressen. Ist für meine Katzen.»

Mit zunächst wortlosem Lächeln flötet das edle Roß die kulante Frage: «Lieber Herr, nun, wie geht es Ihren süßen kleinen Siamesen...?»

DOREEN TOVEY

Mäusespuk

Manchmal fragten wir uns, was wir verbrochen hatten, daß wir mit solchen Katzen gestraft waren. Da war zum Beispiel die Amerikanerin, die wir in Florenz trafen. Sie konnte sich's leisten, mit gefalteten Händen vor einem Bilde Lippis zu stehen und voller Begeisterung so laut sie konnte Brownings Gedicht über Lippi zu deklamieren. Sie konnte sich's leisten, so tiefe Gefühle für Savonarola zu hegen, daß sie beim ersten Anblick von San Marco beinahe hinschmolz. Sie hatte Zeit für so etwas. Sie war nicht von zwei schlitzäugigen Tyrannen so konfus gemacht, daß sie die Platzkarten für den falschen Tag bestellte. Sie litt nicht an den Nachwirkungen der letzten Fahrt zur Katzenfarm, auf der Sheba unablässig Charles ihr «Verschone mich!» vorgejammert und Salomon aus Leibeskräften Autodecken gefressen hatte. Ihre Katzen wußten sich zu benehmen.

Sie hatte drei; lauter Siamkatzen. Im Winter lebten sie anmutig in einer New Yorker Wohnung und dachten nicht im Traum daran, auf die Türen loszugehen, um ins Freie zu kommen. Im Sommer reisten sie zusammen mit einem Boxer, einem Cello, einer Nähmaschine und dem Gatten, der ein

Mitglied des New Yorker Philharmonischen Orchesters war, hinauf nach Maine, wo sie drei glückliche Monate auf der Jagd verbrachten.

Einfach großartig sind sie auf der Reise, sagte sie. Die einzige Schwierigkeit sei, daß es sich um achthundert Kilometer handele und man eine Nacht im Hotel verbringen müsse, wo Hunde zwar erlaubt seien, aber man nie wisse, wie der Besitzer zu Katzen stehe. Sie hätten aber einen Ausweg gefunden und drei Reisekörbe anfertigen lassen, die wie Handkoffer aussähen. Wir bewunderten diese Findigkeit. Wenn sie dann im Hotel ankamen, wurden die Katzen in die Körbe gesteckt und mit dem Gepäck hineingetragen, nachdem man sie ermahnt hatte, sich still zu verhalten.

Und sie sind wirklich still? fragte ich und hatte eine gräßliche Vision: Salomon, wie er kreischend in seinem Korb in die Katzenfarm getragen wurde und aus jedem Loch, das er finden konnte, lange schwarze Pfoten herausbaumeln ließ, so daß es aussah, als hätten wir einen zornigen Tintenfisch erbeutet.

Aber ja, sagte sie. Nachdem sie das Gelände rekognosziert und festgestellt haben, daß alles in Ordnung ist, richten sie sich so still ein, daß man sie gar nicht merkt. Wollen doch genauso gern nach Maine wie wir!

Während wir noch mit offenen Mündern dasaßen, erzählte sie uns von Clancy. Das war nun, wie sie selbst zugab, wirklich was Besonderes. Clancy war ein Siamkater erster Güte; er gehörte einer Freundin von ihr, zu Hause in New York. Er war schön und er war zärtlich, und seine Kinder waren so prächtig, daß seine Dienste in ganz New York verlangt wurden. Das Üble war nur, daß er so viel rohes Fleisch fressen mußte, um bei Kräften zu bleiben, daß die Fleischerrechnung kolossal war und durch seine Einnahmen keineswegs gedeckt wurde. Dieses finanzielle Problem hatte dem Gatten der Herrin Clancys, einem Börsenmakler – von schottischer Abstammung, wie unsere Freundin betonte, damit wir's nicht falsch auffaßten – eine Zeitlang ziemlichen Kummer gemacht. Dann fand er die Lösung. Er eröffnete ein eigenes Konto auf Clancys Namen, legte alle Deckeinnahmen in Papieren an, und Clancy war nun die reichste Katze auf der New Yorker Börse. Meinten wir nicht, fragte sie, indem sie rasch den restlichen Kaffee hinunterschüttete – sie hatte noch viel vor an diesem Nachmittag, Tischwäsche einkaufen und die Stelle anschauen, wo Savonarola verbrannt worden war –, daß das eine großartige Sache sei? Ganz bestimmt, sagten wir.

Mochten unsere Katzen auch nicht gerade Zauberer an der Börse sein, so bestand doch kein Zweifel, daß sie großartige Schauspieler abgegeben hätten. Sheba konnte in ihrer zarten, großäugigen Unschuld ein Herz aus Stein zum Schmelzen bringen, wenn auch alles nur Heuchelei war, und Salomon sah unwahrscheinlich tragisch aus, vorausgesetzt, daß er saß und man seine Spinnenbeine nicht sah, die jetzt so lang waren, daß er einen Gang hatte wie ein Kamel.

Als Team waren sie unwiderstehlich; das wußten sie ganz genau. Wenn sie Seite an Seite auf dem Kaminteppich saßen, Sheba demütig das Pfötchen hob, um Salomon zu putzen, und Salomon sich gelegentlich mit einem zärtlichen Schmatz revanchierte, der sie beinahe umwarf – dann hätte keiner von unseren Gästen geglaubt, daß sie, unmittelbar bevor die Türglocke ging, sich wie ein paar Straßenkatzen darum gebalgt hatten, wer den besten Platz auf Charles' Schoß einnehmen dürfe. Wer sie sanftmütig den Berg heruntertrotten sah hinter dem Pfarrer her, der sie nun schon zum xten Mal in dieser Woche vor seinem Gartentor gefunden hatte, wo sie jammerten, sie hätten sich verlaufen, der hätte nicht geglaubt, daß dies für die lieben kleinen Seelen nichts anderes bedeutete, als wenn Kinder sich den Spaß machen, Türglocken zu läuten und davonzulaufen. Wir allerdings wußten Bescheid, denn wir hatten gesehen, wie sie vorher entschlossen den Berg hinaufmarschiert waren, ohne auf unsere Rufe zu hören, und wie sich ihr zielbewußtes Ausschreiten vor unseren Augen in ein hilfloses Hin- und Hertrippeln verwandelte, als sie um die Ecke bogen.

Aber selbst wir staunten, als wir erfuhren, daß man sie jeden Tag, wenn wir im Büro waren, um vier Uhr dreißig im Dielenfenster sitzen sehen konnte, von wo sie sehnsüchtig den Hang hinaufstarrten und Vorübergehende anflehten, sie möchten ihnen doch sagen, wann wir heimkämen. Wenn wir kurz nach fünf eintrafen, schliefen sie immer fest in einem Lehnstuhl und spielten so wunderbar Augenblinzeln, Gähnen und völlige Überraschung über unsere frühe Heimkehr, daß wir es nicht glauben mochten. Bis wir eines Abends heimkamen und sie in tiefem Schlaf, die Dielenvorhänge aber in der Katzenschüssel fanden. In so einem Dorf bleibt nichts verborgen. Es muß kurz nach vier passiert sein, als Salomon offenbar gerade für die Schau um vier Uhr dreißig aufkreuzte. Die Frau, von der wir es wissen, erzählte uns, er habe wie ein Affe mit dem Kopf nach unten an einer Gardine geschaukelt und sei schließlich mit einem furchtbaren Krach heruntergesaust; hoffentlich habe er sich nicht weh getan.

Salomon war nichts passiert. Nur hatte sein Gewicht – Fressen war damals sein Hauptzeitvertreib, und ich muß leider gestehen, daß wir ihn unter uns nur noch «Dickwanst» nannten – nicht nur die Gardinen heruntergerissen, sondern auch die Mauerhaken, mit denen sie in der Wand befestigt waren. Immerhin konnte man ihm nicht allzu große Vorwürfe machen. Er hatte nur Sheba nachgeahmt, die oft mit dem Kopf nach unten an den Gardinen schaukelte, um Charles Vergnügen zu machen. Immer äffte er Sheba nach. Wenn er auch ein Prahlhans war, immer geräuschvoll, immer in irgendwelche Abenteuer verwickelt – unter all dem barg sich doch der kleine, sehnsüchtige Clown Salomon, der mit aller Kraft danach strebte, überall Hauptperson und Spitzenreiter zu sein und sich doch in rührender Weise bewußt war, daß es dazu eben nicht langte. Sheba dagegen war ein wahres Wunderkind. Winzig und zart wie ein Blümchen, konnte sie laufen wie der Wind, kletterte wie ein Affe und war ausdauernd wie ein Ochse.

Am meisten beneidete Salomon sie um ihre Geschicklichkeit bei der Jagd. Salomon war als Jäger ein hoffnungsloser Fall. Nicht etwa, weil er körperlich nicht dazu imstande gewesen wäre, sondern weil er eben in seinem dicken Schädel nicht den nötigen Grips hatte. Den Mäusefang an der Gartenmauer stellte er sich nun einmal nicht so vor, daß man wie Sheba geduldig auf der Lauer lag. So machen's die kleinen Mädchen, meinte er. Er fauchte drohend ins Mäuseloch hinunter, und wenn die Mäuse dann nicht herauskommen und sich wie Männer zum Kampf stellen wollten, fuhr er mit seiner langen schwarzen Pfote hinein und versuchte sie herauszuangeln.

Immer wenn er sich wirklich einmal mit Sheba

hinsetzte, um etwas zu beobachten – wobei er äußerst bedeutend aussah, den Kopf schmal vorgestreckt, mit seiner schwarzen Nase auf der Fährte, jeder Zoll ein Rin-tin-tin –, dauerte es keine fünf Minuten, und Salomon, der Tatenlosigkeit nicht vertrug, war entweder aus purer Langeweile fest eingeschlafen oder hatte den Kopf um einhundertachtzig Grad gedreht und redete eifrig an einen vorüberfliegenden Schmetterling hin.

Die Folge war, daß Salomon, während seine Schwester Mäuse aller Arten dutzendweise schlachtete, nicht ein einziges Mal in seinem Leben irgend etwas «frisch» fing. Man könnte höchstens die Schlange rechnen, die ganze sechs Zoll lang war. Aber als er sie fand, war er so begeistert, daß er vor Aufregung auf ihren Schwanz sprang statt auf den Kopf, und da riß sie aus.

Wir wußten, daß das sein geheimer Kummer war. Der Ausdruck seines Gesichtes war rührend, wenn er zusah, wie Sheba sich brüstete und aufspielte, ehe sie ihre Trophäen wie Ostereier uns vor die Füße legte. Manchmal, wenn er es nicht länger ertragen konnte, kam er auf seinen langen, traurigen Spinnenbeinen angetrottet, mit gesenktem Kopf, damit Sheba nicht sehen sollte, was er brachte, und präsentierte uns ein welkes Blatt. Er setzte sich dann hin, guckte uns seelenvoll in die Augen und legte sein ganzes kleines Siamesenherz in die Bitte, wir möchten doch so tun, als habe auch er etwas gefangen. Es war eine herzzerreißende Szene – nur wußten wir leider, daß Salomon, sobald es ihm gelang, Sheba ihre Beute zu entreißen, im Nu ganz andere Seiten hervorkehrte.

Dann warf er die Maus hoch in die Luft, sprang danach und fing sie mit den Tatzen, schleuderte sie quer durchs Zimmer, damit es auch jeder sah (man tat besser daran, sich in diesem Stadium außer Reichweite zu halten, Charles kriegte einmal eine Maus direkt in seine Tasse und konnte dann tagelang keinen Tee hinunterbringen), kurz, Salomons wahres Ich erschien in Glanz und Gloria.

Das ist meine Maus, sagte er, fauchte über dem Leichnam Sheba an und forderte sie heraus, zurückzufauchen. Aber Sheba konnte man so nicht imponieren. Sie saß nur da, grinste Charles an und sagte, ist er nicht albern, so anzugeben, wo es doch nur eine gebrauchte ist. Es ist ja meine. Es sei seine Maus, sagte er, hockte sich schützend darüber, als der Pfarrer auf Besuch kam, und fügte auch noch ohne alle Gewissensbisse hinzu, die hab ich ganz allein gefangen. Er plärrte solange in die Gegend, das sei seine Maus, bis es niemand mehr anhören konnte und Sheba sich auf eine Tür setzte, oder die Maus ihn überrumpelte, aufsprang und weglief. Darüber erschrak er dann so, daß er einen meterhohen Luftsprung machte.

Eine Feldmaus entschlüpfte Salomon einmal, während er dem Milchmann erzählte, wie er sie gefangen habe, flink um die Ecke und verschwand in einer Schranktür. Was weiter mit ihr geschah, konnten wir nie ergründen, aber als Charles das nächste Mal seinen Dufflecoat aus dem Schrank nahm, fielen alle Knebel herunter.

Mit Spitzmäusen passierte das Salomon mehrere Male. Diese Gattung lernten wir mit der Zeit gut kennen. Nicht nur durch die lebendigen Exemplare, die nach einem Weg aus unserem Haus suchten, sondern auch durch tote, die Sheba säuberlich unter den Dielenteppich stopfte. Sie wollte sie für ihre Sammlung pressen, sagte sie, und es mache nichts, wenn wir ein bißchen drauftráten.

Ehe wir die Katzen hielten, hatte ich nur einmal in meinem Leben eine Spitzmaus gesehen, und zwar kam sie um die Ecke gesaust, als ich gerade neben dem Haus eine Blumeneinfassung mit dem Spaten beseitigt hatte. Nun konnte sie nur noch feststellen, daß sie heimatlos geworden war. Ich sehe sie immer noch vor mir, wie sie eilig auf dem Steinpflaster hin und her hastete und ihren Augen nicht traute, weil ihre Haustür verschwunden war, und ich mit schlechtem Gewissen ebenso eilig hinter ihr her, wobei ich überlegte, ob es gefährlich sei, sie aufzuheben und ihr dabei zu helfen, einen neuen Eingang zu finden. Von manchen Leuten hatte ich gehört, Spitzmäuse seien so ängstlich, daß sie stürben, wenn man sie anfasse, von anderen wieder, sie bissen. Wer recht hatte, erfuhr ich damals nicht. Ich verlor schließlich die Nerven und ging ins Haus, während sie allein ihre Entschlüsse faßte. Aber als wir erst Salomon und Sheba hatten, erfuhr ich es bald genug: Spitzmäuse beißen.

Charles und ich wurden beide bei verschiedenen Gelegenheiten gebissen. Ich von einer, die Salomon voller Freude nach einem ersten Fluchtversuch in der Küche gestellt hatte. Er redete mit ihr, und als ich ängstlich die Hand ausstreckte, um sie aufzuheben, war das offenbar mehr als sie ertragen konnte – vor Wut quietschend sprang sie wild auf mich los und biß mich in den Finger. Und Charles von einer, die ein bißchen mitgenommen aussah, und die wir deshalb in einer Schachtel mit Laub und Gras ins Badezimmer gesperrt hatten, um zu sehen, ob sie sich erholen würde. Sie erholte sich. Als Charles ein Weilchen später nachschauen ging, versuchte sie gerade, rasend vor Ärger, aus der Schachtel zu klettern, und als er ihr dabei helfen wollte, wurde er auch gebissen. Er brüllte so laut, daß Sheba, die gerade unter der Tür ins Bad guckte, voller Schrecken aus dem Haus und auf den Pflaumenbaum flüchtete, Salomon sich unter dem Bett versteckte und ich die Teigschüssel fallen ließ. Natürlich ist so ein Spitzmausbiß nicht sehr groß. Kaum größer als ein Nadelstich. Es kam nur so überraschend, sagte Charles, als er mit einem großen Heftpflaster um den Finger und der Spitzmaus auftauchte, die im Vorgefühl ihrer Befreiung wie verrückt in einem Socken auf und ab sprang.

Noch weniger waren wir auf die Spitzmaus vorbereitet, die wirklich und wahrhaftig ganze vier Tage bei uns wohnte. Das war viel später, als Sheba die Gewohnheit herausgebildet hatte, sich mit ihren Beutestücken hinauf ins Schlafzimmer und auf unser Bett zu schleichen, weil sie festgestellt hatte, daß wir ihr alles Lebendige wegnahmen, das sie heimbrachte. Dort oben hatte sie eine hübsche, saubere Steppdecke als Hintergrund für ihre naturwissenschaftlichen Studien und brauchte außerdem, wenn sie uns kommen hörte, nur ihr Opfer aufzunehmen und mit ihm unters Bett zu flüchten – dort konnten wir sie nicht erreichen. Die Spitzmaus jedoch, von der hier die Rede ist, trug sie hinauf ins Bett, während noch jemand darin lag. Tante Louisa.

Tante Louisa stieß, als sie die Spitzmaus sah, einen solchen Schrei aus, daß Sheba, die normalerweise unerschütterlich wie ein Eisberg war, sie vor Überraschung fallen ließ, so daß sie entwischte.

Ich weiß ganz genau, daß Spitzmäuse täglich mehrmals ihr eigenes Gewicht an Futter verzehren und daß es unmöglich ist, sie in Gefangenschaft zu halten. Sidney, der als Landbewohner ein natürliches Interesse an derlei Dingen hat, erzählte mir, er wisse das vom Fernsehen. Mag es nun möglich sein oder nicht, jedenfalls erschien diese Spitzmaus in den nächsten vier Tagen so oft, daß sogar Sheba anfing, gequält auszusehen, wenn sie sie erblickte. Oben im Haus kreuzte sie wie ein kleines graues Unterseeboot über den Treppenabsatz oder durch die Schlafzimmer. Unten im Haus kam sie munter unter der Kommode hervorspaziert oder aus dem Schrank oder quer über den Teppich. Nie erwischten wir sie, obwohl sie's nie eilig hatte. Charles weigerte sich, Shebas Spitzmäuse jemals wieder ohne Handschuhe anzufassen, und bis er sich welche geholt hatte, war sie immer schon verschwunden. Ich weigerte mich überhaupt, sie anzufassen, und den Katzen war die ganze Sache so peinlich, daß sie offenbar beschlossen hatten, am besten sei es, sie zu ignorieren.

Mehrere Male spitzte sie unter Salomons Kiste hervor, wenn ich neue Erde einfüllte. Charles meinte, auf diese Weise erhalte sie sich am Leben: sie fresse Würmer und Insekten aus der Kiste. Das schien aber nicht wahrscheinlich. Wären wirklich Würmer oder Insekten dagewesen, so hätte Salomon sie selbst gefressen. Immerhin wurde mir eine neue Verantwortung auferlegt. Ich wollte ja doch nicht ihren Tod auf dem Gewissen haben, und so fühlte ich mich verpflichtet, jedesmal, wenn ich die Kiste frisch füllte, auch eine Handvoll Gras hinzulegen.

Tante Louisa sagte, ich schlüge Großmama nach, und wir hätten beide einen Vogel. Salomon fragte ärgerlich, wie er das unter seiner Kiste ignorieren solle, wenn ich es direkt vor seinen Augen fütterte, und bis das weggehe, werde er den Garten benutzen. Charles gewöhnte sich an, frühmorgens verstohlen seine Schuhe auszuschütteln, ehe er sie anzog. Wir hatten das Gefühl, wir müßten eine Flagge hissen, als am Abend des vierten Tages die Spitzmaus gemächlich die Treppe vor dem Haus hinab und für immer aus unserem Leben spazierte.

Katzenaugen sind die besten Uhren.

Da man die Katze streichelt,
da ist sie gern.

Wer die Katze ins Wasser trägt,
der trägt sein Glück aus dem Haus.

BRÜDER GRIMM

Der Gestiefelte Kater

Ein Müller hatte drei Söhne, seine Mühle, einen Esel und einen Kater; die Söhne mußten mahlen, der Esel Getreide holen und Mehl forttragen und die Katz die Mäuse wegfangen. Als der Müller starb, teilten sich die drei Söhne in die Erbschaft, der älteste bekam die Mühle, der zweite den Esel, der dritte den Kater, weiter blieb nichts für ihn übrig. Da war er traurig und sprach zu sich selbst: «Ich hab' es doch am allerschlimmsten kriegt, mein ältster Bruder kann mahlen, mein zweiter kann auf seinem Esel reiten, was kann ich mit dem Kater anfangen? Laß ich mir ein Paar Pelzhandschuhe aus seinem Fell machen, so ist's vorbei.» «Hör», fing der Kater an, der alles verstanden hatte, was er gesagt, «du brauchst mich nicht zu töten, um ein Paar schlechte Handschuhe aus meinem Pelz zu kriegen, laß mir nur ein Paar Stiefel machen, daß ich ausgehen kann und mich unter den Leuten sehen lassen, dann soll dir bald geholfen sein.» Der Müllerssohn verwunderte sich, daß der Kater so sprach, weil aber eben der Schuster vorbeiging, rief er ihn herein und ließ ihm ein Paar Stiefel anmessen. Als sie fertig waren, zog sie der Kater an, nahm einen Sack, machte den Boden desselben voll Korn, oben aber eine Schnur dran, womit man ihn zuziehen konnte, dann warf er ihn über den Rücken und ging auf zwei Beinen, wie ein Mensch, zur Tür hinaus.

Dazumal regierte ein König in dem Land, der aß die Rebhühner so gern: es war aber eine Not, daß keine zu kriegen waren. Der ganze Wald war voll, aber sie waren so scheu, daß kein Jäger sie erreichen konnte. Das wußte der Kater und gedacht, seine Sache besser zu machen; als er in den Wald kam, tät er den Sack auf, breitete das Korn auseinander, die Schnur aber legte er ins Gras und leitete sie hinter eine Hecke. Da versteckte er sich selber, schlich herum und lauerte. Die Rebhühner kamen bald gelaufen, fanden das Korn, und eins nach dem andern hüpfte in den Sack hinein. Als eine gute Anzahl darin war, zog der Kater den Strick zu, lief herzu und drehte ihnen den Hals um; dann warf er den Sack auf den Rücken und ging geradewegs nach des Königs Schloß. Die Wache rief: «Halt! wohin?» – «Zu dem König», antwortete der Kater kurzweg. – «Bist du toll, ein Kater zum König?» – «Laß ihn nur gehen», sagte ein anderer, «der König hat doch oft Langeweil, vielleicht macht ihm der Kater mit seinem Brummen und Spinnen Vergnügen.» Als der Kater vor den König kam, machte er eine Reverenz und sagte: «Mein Herr, der Graf», dabei nannte er einen langen und vornehmen Namen, «läßt sich dem

Herrn König empfehlen und schickt ihm hier Rebhühner, die er eben in Schlingen gefangen hat.» Der König erstaunte über die schönen fetten Rebhühner, wußte sich vor Freude nicht zu fassen und befahl dem Kater, so viel Gold aus der Schatzkammer in den Sack zu tun, als er tragen könne: «Das bring deinem Herrn und dank ihm noch vielmal für sein Geschenk.»

Der arme Müllerssohn aber saß zu Haus am Fenster, stützte den Kopf auf die Hand und dachte, daß er nun sein Letztes für die Stiefeln des Katers weggegeben, und was werde ihm der Großes dafür bringen können. Da trat der Kater herein, warf den Sack vom Rücken, schnürte ihn auf und schüttelte das Gold vor den Müller hin: «Da hast du etwas vor die Stiefeln, der König läßt dich auch grüßen und dir viel Dank sagen.» Der Müller war froh über den Reichtum, ohne daß er noch recht begreifen konnte, wie es zugegangen war. Der Kater aber, während er seine Stiefel auszog, erzählte ihm alles, dann sagte er: «Du hast zwar jetzt Geld genug, aber dabei soll es nicht bleiben, morgen zieh' ich meine Stiefel wieder an, du sollst noch reicher werden, dem König hab' ich auch gesagt, daß du ein Graf bist.» Am andern Tag ging der Kater, wie er gesagt hatte, wohl gestiefelt, wieder auf die Jagd und brachte dem König einen reichen Fang. So ging es alle Tage, und der Kater brachte alle Tage Gold heim und ward so beliebt wie einer bei dem König, daß er aus- und eingehen durfte und im Schloß herumstreichen, wo er wollte. Einmal stand der Kater in der Küche des Königs beim Herd und wärmte sich, da kam der Kutscher und fluchte: «Ich wünsch', der König mit der Prinzessin wär beim Henker! Ich wollt ins Wirtshaus gehen und einmal trinken und Karten spielen, da soll ich sie spazierenfahren an den See.» Wie der Kater das hörte, schlich er nach Haus und sagte zu seinem Herrn: «Wenn du willst ein Graf und reich werden, so komm mit mir hinaus an den See und bad dich darin.» Der Müller wußte nicht, was er dazu sagen sollte, doch folgte er dem Kater, ging mit ihm, zog sich splinternackend aus und sprang ins Wasser. Der Kater aber nahm seine Kleider, trug sie fort und versteckte sie. Kaum war er damit fertig, da kam der König dahergefahren; der Kater fing sogleich an, erbärmlich zu lamentieren: «Ach! allergnädigster König! Mein Herr, der hat sich hier im See gebadet, da ist ein Dieb gekommen und hat ihm die Kleider gestohlen, die am Ufer lagen, nun ist der Herr Graf im Wasser und kann nicht heraus, und wenn er länger darin bleibt, wird er sich verkälten und sterben.» Wie der König das hörte, ließ er haltmachen, und einer von seinen Leuten mußte zurückjagen und von des Königs Kleidern holen. Der Herr Graf zog die prächtigsten Kleider an, und weil ihm ohnehin der König wegen der Rebhühner, die er meinte von ihm empfangen zu haben, gewogen war, so mußte er sich zu ihm in die Kutsche setzen. Die Prinzessin war auch nicht bös darüber, denn der Graf war jung und schön, und er gefiel ihr recht gut.

Der Kater aber war vorausgegangen und zu einer großen Wiese gekommen, wo über hundert Leute waren und Heu machten. «Wem ist die Wiese, ihr Leute?» fragte der Kater. – «Dem großen Zauberer.» – «Hört, jetzt wird der König bald vorbeifahren, wenn der fragt, wem die Wiese gehört, so antwortet: dem Grafen; und wenn ihr das nicht tut, so werdet ihr alle totgeschlagen.» – Darauf ging der Kater weiter und kam an ein Kornfeld, so groß, daß es niemand übersehen konnte, da standen mehr als zweihundert Leute und schnitten das Korn. «Wem ist das Korn, ihr Leute?» – «Dem Zauberer.» – «Hört, jetzt wird der König vorbeifahren, wenn er frägt, wem das Korn gehört, so antwortet: dem Grafen; und wenn ihr das nicht tut, so werdet ihr alle totgeschlagen.» – Endlich kam der Kater an einen prächtigen Wald, da standen mehr als dreihundert Leute, fällten die großen Eichen und machten Holz. – «Wem ist der Wald, ihr Leute?» – «Dem Zauberer.» – «Hört, jetzt wird der König vorbeifahren, wenn er frägt, wem der Wald gehört, so antwortet: dem Grafen; und wenn ihr das nicht tut, so werdet ihr alle umgebracht.» Der Kater ging noch weiter, die Leute sahen ihm alle nach, und weil er so wunderlich aussah und wie ein Mensch in Stiefeln daherging, fürchteten sie sich vor ihm. Er kam bald an des Zauberers Schloß, trat kecklich hinein und vor ihn hin. Der Zauberer sah ihn verächtlich an und fragte ihn, was er wolle. Der Kater machte einen Reverenz und sagte: «Ich habe gehört, daß du in jedes Tier nach deinem Gefallen dich verwandeln könntest; was einen Hund, Fuchs oder auch Wolf betrifft, da will ich es wohl glauben, aber von einem Elefant, das scheint mir ganz unmöglich, und deshalb bin ich gekommen, um mich selbst zu überzeugen.» Der Zauberer sagte stolz: «Das ist mir eine Kleinigkeit», und war in dem Augenblick in einen Elefant verwandelt; «das ist viel, aber auch in einen Löwen?» – «Das ist auch nichts», sagte der Zauberer und stand als ein Löwe vor dem Kater. Der Kater stellte sich erschrocken und rief: «Das ist unglaublich und unerhört, dergleichen hätt ich mir nicht im Traume in die Gedanken kommen lassen; aber noch mehr als alles andere wär es, wenn du dich auch in ein so kleines Tier, wie eine Maus ist, verwandeln könntest, du kannst gewiß mehr als irgendein Zauberer auf der Welt, aber das wird dir doch zu hoch sein.» Der Zauberer ward ganz freundlich von den süßen Worten und sagte: «O ja, liebes Kätzchen, das kann ich auch», und sprang als eine Maus im Zimmer herum. Der Kater war hinter ihm her, fing die Maus mit einem Sprung und fraß sie auf.

Der König aber war mit dem Grafen und der Prinzessin weiter spazierengefahren und kam zu der großen Wiese. «Wem gehört das Heu?» fragte der König.» – «Dem Herrn Grafen», riefen alle, wie der Kater ihnen befohlen hatte. – «Ihr habt da ein schön Stück Land, Herr Graf», sagte er. Darnach kamen sie an das große Kornfeld. «Wem gehört das Korn, ihr Leute?» «Dem Herrn Grafen.» – «Ei! Herr Graf! große, schöne Ländereien!» – Darauf zu dem Wald: «Wem gehört das Holz, ihr Leute?» – «Dem Herrn Grafen.» – Der König verwunderte sich noch mehr und sagte: «Ihr müßt ein reicher Mann sein, Herr Graf, ich glaube nicht, daß ich einen so prächtigen Wald habe.» Endlich kamen sie an das Schloß, der Kater stand oben an der Treppe, und als der Wagen unten hielt, sprang er herab, machte die Türe auf und sagte: «Herr König, Ihr gelangt hier in das Schloß meines Herrn, des Grafen, den diese Ehre für sein Lebtag glücklich machen wird.» Der König stieg aus und verwunderte sich über das prächtige Gebäude, das fast größer und schöner war als sein Schloß; der Graf aber führte die Prinzessin die Treppe hinauf in den Saal, der ganz von Gold und Edelsteinen flimmerte.

Da ward die Prinzessin mit dem Grafen versprochen, und als der König starb, ward er König, der Gestiefelte Kater aber erster Minister.

QUELLENNACHWEIS

An dieser Stelle danken wir den Autoren und Verlagen, die uns freundlicherweise den Nachdruck folgender Beiträge gestatteten: Verlag Die Arche, Zürich: *Bruce Marshall · Katzengesellschaft* (aus: «Kätzchen und Katzen»); Deutsche Verlagsanstalt, Stuttgart: *Doreen Tovey · Mäusespuk* (aus: «Nichts gegen Katzen»); DILIA, Prag: *Karel Čapek · Die unsterbliche Katze* (aus: «Meine Hunde – meine Katzen»); Diogenes Verlag, Zürich: *Saki · Tobermory* (aus: «Die offene Tür»); S. Fischer Verlag, Frankfurt/Main: *Beverley Nichols · Aus dem Katzen-ABC* (aus: «Das Katzen-ABC»); dem Autor: *Oskar Maurus Fontana · Tausendschwänzige Nemesis*; F. A. Herbig Verlagsbuchhandlung, München: *Elisabeth Castonier · Ein Gentleman stirbt* (aus: «Herzogin Nana»); Albert Müller Verlag, Rüschlikon-Zürich: *Monica Edwards · Vashti, die Jägerin* (aus: «Alle meine Katzen»); *Paul Gallico · Ein Mann wird gezähmt* (aus: «Miau sagt mehr als tausend Worte»); R. Piper Verlag, München: *Oda Schaefer · Die Katze, die allein spazieren ging* (aus: «Katzenspaziergang»); Rowohlt Verlag, Reinbek: *Ernest Hemingway · Katze im Regen* (aus: «49 Stories»);

der Witwe des Autors: *ska · Gute Katzengeschichten; O. Skalberg · Pferdefleisch für Siamesen; Eugen Skasa-Weiß · Meine Gewitterkatze;* Adolf Sponholtz Verlag, Hameln: *Gustav Schenk · Seefahrer Kador* (aus: «Die Unzähmbaren»); Suhrkamp Verlag, Frankfurt/Main: *T. S. Eliot · Wie man Katzen begrüßt* (aus: «Old Possums Katzenbuch»).

Da die Rechtsnachfolge bei einigen nicht im Lande lebenden oder verstorbenen Autoren ungeklärt ist und einige Autorenadressen nicht zu ermitteln waren, war es in diesen Fällen nicht möglich, die Nachdrucksgenehmigung einzuholen. Honoraransprüche der Autoren resp. ihrer Erben bleiben gewahrt.

KLEINE BETTLEKTÜRE FÜR MENSCHEN MIT LIEBHABEREIEN

Angler · Autofahrer

Bergsteiger · Bierkenner

Blumenfreunde · Bücherfreunde

Computerfreaks · Eisenbahnfreunde

Fahrradfreunde · Fußballer

Gartenfreunde · Golfer

Hobbyköche · Hundefreunde

Kaffegenießer · Katzenfreunde

Musikfreunde · Naturfreunde

Opernfreunde · Pfeifenraucher

Pferdefreunde · Reiselustige

Segler · Teddybärenfreunde

Teetrinker · Tennisfans

Theaterfreunde · Tierfreunde

Wanderer · Wasserratten

Weinkenner

KLEINE BETTLEKTÜRE
ALS AUFMERKSAMKEIT UND
HERZLICHES DANKESCHÖN FÜR

Dich, mein Herz · Dich, mein Schatz

meine liebe Frau · die werdende Mutter

meine liebe Mutter · vielgeplagte Mütter

Frauen mit Herz und Verstand · Frauen mit Charme

meinen lieben Mann · den besten aller Väter

die allerbeste Großmutter

den verständnisvollen Großvater

die beste aller Schwiegermütter

meinen lieben Schwiegersohn

meine liebe Schwägerin · meinen lieben Schwager

meine liebe Tante

meine liebe Schwester · meinen lieben Bruder

eine gute Freundin · einen guten Freund

Männer mit Phantasie und Tatkraft · kluge Köpfe

Strohwitwer

liebenswürdige Gastgeber

die sympathische Kollegin · den netten Kollegen

den klugen Juristen

den wahren Lebenskünstler · den Linkshänder

einen lieben Mitmenschen · nette Nachbarn

KLEINE BETTLEKTÜRE FÜR

Alter-Fritz-Kenner · Bach-Freunde
Beethoven-Bewunderer · Brahms-Freunde
Wilhelm-Busch-Freunde · Ebner-Eschenbach-Freunde
Fontane-Freunde · Goethe-Freunde
Martin-Luther-Verehrer · Mozart-Verehrer
Storm-Kenner · Wagner-Verehrer

KLEINE BETTLEKTÜRE ALS HERZLICHE AUFMERKSAMKEIT FÜR EINEN BESONDEREN ANLASS

zur guten Besserung
als herzliches Dankeschön
als Gratulation zum Erfolg · für einen guten Start
zum freudigen Ereignis · zum Einzug in das neue Heim
für liebenswerte Geburtstagskinder
mit guten Wünschen zum 33., 40., 44.,
50., 55., 60., 65., 66., 70. Geburtstag
als Glücksbringer · zum Hochzeitstag
mit den schönsten Liebesgedichten
zur silbernen Hochzeit
für ein glückliches Leben zu zweit
für ein glückliches Leben im Ruhestand
zur Frühlings- und Osterzeit
für alle, die sich auf Weihnachten freuen
mit den besten Wünschen zum Jahreswechsel